Märchenküche

Nesrin Kişmar

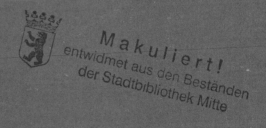

Nesrin Kişmar

Märchenküche

Bekannte deutsche Märchen mit türkischer Übersetzung
und vielen leckeren Rezepten

Bibliografische Information der Deutschen Nationalbibliothek
Die Deutsche Nationalbibliothek verzeichnet diese Publikation in der Deutschen
Nationalbibliografie; detaillierte bibliografische Daten sind im Internet über
http://dnb.d-nb.de abrufbar.

Übersetzung/Rezepte mit Fotos: Nesrin Kişmar
Deutsches Lektorat: Sandra Nowack
Titelfoto: Nesrin Kişmar (Babykekse, S. 54)

Bu kitap yaşamıma anlam katan ve her zaman ilham kaynağım olan çocuklarım Ömer,
İbrahim, Deniz ve Emre ve ayrıca biricik yeğenim Berfin için. Sizleri çok seviyorum.

Printed in Germany.

ISBN 978-3-95631-255-0

Shaker Media GmbH · Postfach 101818 · 52018 Aachen
Telefon: 02407 / 95964 - 0 · Telefax: 02407 / 95964 - 9
Internet: www.shaker-media.de · E-Mail: info@shaker-media.de

Inhaltsverzeichnis

Rezepte

eden bu kitap?

Çocuklarımın dil eğitimini her zaman çok önemsedim. Önceleri evde onlarla Türkçe konuşursam ve uykudan önce Almanca dilinde kitap okursam dil eğitimleri için yeterli olur diye düşünüyordum.

Zamanla ailemiz genişleyince küçük kardeşler abileriyle Almanca konuşmaya başladılar ve onların sayesinde Almancaları gelişti. Bana da Türkçe'ye ağırlık vermek düştü. Zaman içerisinde keşke iki dilli kitaplar olsa aynı hikayeleri, masalları bazen Türkçe bazen Almanca okuyabilsem dedim ve çocuklarıma her akşam okuyabileceğim kitabımı kendim hazırladım, masalların arasına da tarifler serpiştirdim. Neden tarifler diye sorarsanız, aklıma bu fikir ilk geldiğinde kime bahsettiysem o kadar beğendiler ki, tersini yapmak elimden gelmedi.

Elinizdeki bu kitabın size ve çocuklarınıza faydalı olması dileğiyle...

Nesrin Kişmar

Der Wolf und die sieben Geislein / Kurt ve Yedi Keçi Yavrusu

Es war einmal eine Geis, die hatte sieben junge Geislein. Einmal musste sie einkaufen gehen und ihre Kinder sollten allein zu Hause bleiben. So befahl sie ihnen, sich ja vor dem Wolf in Acht zu nehmen und ihn nicht ins Haus zu lassen.

Als sie draußen war, sah der Wolf, der inzwischen umherlief, heimlich hinter ihr her. Dann kam er vors Häuschen und sprach: „Liebe Kinder, lasst mich ein. Ich bin eure Mutter und von meinem Weg zurückgekehrt." Die sieben Geislein aber glaubten ihm nicht und antworteten: „Unsere Mutter hat keine so raue Stimme. Du bist der Wolf und nicht unsere Mutter!" Da ging der Wolf zu einem Krämer und kaufte Kreide. Diese aß er, um seine Stimme feiner zu machen. Danach ging er wieder vor die Hütte und rief mit heller Stimme: „Liebe Kinder, lasst eure Mutter hinein!" Er hatte aber seine Pfote durchs Fenster gestreckt. Die Geislein sahen sie und sprachen: „Unsere Mutter hat keinen schwarzen Fuß, deswegen kommst du auch nicht herein, denn du bist der Wolf!"

Bir zamanlar yedi yavrusu olan bir keçi varmış. Bir keresinde alışverişe gitmesi gerektiği için çocuklarını evde yalnız bırakmak zorunda kalmış. Tabii ki çocuklarına kurda karşı çok dikkatli olmalarını söyleyip, onu eve almamaları için sıkı sıkı tembihlemiş.

Dışarı çıktığı vakit o sıralar etrafta gezinmekte olan kurt onu gizlice izlemiş. Sonra küçük evin önüne gelip seslenmiş: "Sevgili çocuklar, beni içeri alın. Ben sizin annenizim, gittiğim yerden geri döndüm." Yedi keçi yavrusu ise ona inanmayıp demişler ki: "Bizim annemizin sesi böyle kalın değil. Sen kurtsun, annemiz değilsin!" Bunun üzerine kurt gidip bir dükkandan tebeşir satın almış, sesinin incelmesi için biraz yemiş. Sonra kulübenin önüne tekrar gidip daha anlaşılır bir şekilde seslenmiş: "Sevgili çocuklar, annenizi içeri alın." Ön ayağını da pencereden içeriye doğru uzatmış. Keçi yavruları ayağını görmüşler: "Bizim annemizin ayakları siyah değil, o yüzden içeriye gelemezsin, çünkü sen kurtsun!"

Nun ging der Wolf zu einem Müller und sagte: „Müller, streu mir Mehl auf meine Pfote!" Als der Müller sich weigerte, drohte der Wolf, ihn zu fressen, und der Müller musste tun, was der Wolf wollte.

Als nun der Wolf wieder vor das Haus kam und Einlass begehrte, wollten die Geislein zuerst den Fuß sehen. Als er ihn zum Fenster hineinstreckte und sie sahen, dass er weiß war, glaubten sie, es sei die Mutter, und gingen, die Tür aufzumachen. Wie sie aber den Wolf erblickten, versteckten sie sich, so gut sie konnten: Eines unter dem Tisch, das andere im Bett, das dritte im Ofen, das vierte in der Küche, das fünfte im Schrank, das sechste unter einer großen Schüssel und da siebte in der Wanduhr. Der Wolf aber fand sie alle außer dem jüngsten in der Uhr und verschluckte sie mit großer Begierde.

Kurt bu defa değirmenciye gidip şöyle demiş: "Değirmenci, ayaklarımın üzerine un serp." Değimenci bunu yapmak istemeyince, ona dişlerini gösterip tehdit etmiş, değirmenci de dediğini yapmak zorunda kalmış.

Kurt tekrar evin önüne gelip içeri girmek istediğinde, keçi yavruları önce ayağını görmek istemişler, pencereden içeri uzattığında beyaz olduğunu görünce anneleri olduğuna inanmışlar ve kapıyı açmaya gitmişler. Fakat kurdu karşılarında görünce ellerinden geldiği kadar hızlı bir şekilde köşe bucak saklanmışlar, biri masanın altına, diğeri yatağın içerisine, üçüncüsü sobanın içine, dördüncüsü mutfağa, beşincisi dolabın, altıncısı büyük bir kabın, yedincisi de duvar saatinin içine saklanmış. Kurt duvar saatinin içine giren en küçük yavru haricinde hepsini bulup afiyetle midesine indirmiş.

Als er fortgegangen und die Mutter zurückgekommen war, sprang das jüngste Geislein aus der Uhr und erzählte, was passiert war. Die Mutter war erschrocken, als sie alles vernahm. Sie nahm ihr jüngstes Kind in die Arme und weinte sehr. Dann gingen sie zusammen hinter dem Wolf her.

Der Wolf aber, der sich vollgefressen hatte, ging auf eine Wiese, legte sich in den Sonnenschein und fiel in tiefen Schlaf. Da wies die Mutter ihr Jüngstes an, Schere, Nadel und Zwirn zu nehmen, und sie schnitten dem Wolf den dicken Bauch auf. Daraufhin sprangen die sechs Geschwister unversehrt heraus, weil er sie ganz verschluckt hatte. Nun holten sie Wackersteine und füllten sie dem Wolf in den Leib, den sie auch wieder zunähten. Als der Wolf ausgeschlafen hatte, fühlte er großen Druck im Leib und sprach: „Ich weiß nicht, es rumpelt und pumpelt mir im Leib herum. Ich habe doch nur sechs Geislein gegessen!" Er suchte einen Brunnen, um seinen Durst zu löschen, doch die Schwere der Steine machte, dass er in das Wasser fiel. Die sieben Geislein aber tanzten fröhlich um den Brunnen herum. Ihre Mutter backte für sie „Ziegenpfoten", sie aßen alle auf. Und wenn sie nicht gestorben sind, leben sie noch heute glücklich zusammen.

Kurt gittikten sonra anne eve döndüğünde, en küçük keçi yavrusu saatin içinden çıkıp annesine herşeyi anlatmış. Anne olan biteni öğrendiğinde dehşete düşmüş. Küçük yavrusunu kucağına alıp hıçkırarak ağlamış. Sonra birlikte kurdun peşine düşmüşler.

Kurt ise tıka basa yedikten sonra güzel bir çayıra gidip güneşli bir yere uzanmış ve derin bir uykuya dalmış. Annesi küçük yavrusunu makas, iğne ve iplik almaya yollamış, kurdun koca karnını kesmiş, kestiği yerden altı kardeş de sağ salim dışarıya çıkmışlar, meğer kurt hepsini tümden çiğnemeden yutmuş. Sonra kaya parçaları toplayıp kurdun karnını bunlarla doldurup tekrardan dikmişler. Kurt uyandığında karnındaki ağırlığı hissetmiş ve kendi kendine mırıldanmaya başlamış: "Hiç anlamıyorum, karnım neden takır tukur ediyor. Eni konu sadece altı keçi yavrusu yedim." Susuzluğunu gidermek için bir su kuyusu aramış, karnındaki taşların ağırlığı yüzünden bir anda kuyuya düşüverince yedi keçi yavrusu ortaya çıkıp kuyunun etrafında neşe içerisinde dansetmeye başlamışlar. Sonra hepsi birlikte eve dönmüşler. Anneleri onlara keçi patileri pişirmiş, doya doya yemişler. Masal da burda bitmiş.

Keçi Patisi
Ziegenpfote

4 EL Joghurt

1 TL Natron

1 Ei (Zimmertemperatur)

1 Prise Salz

ca. 350 g Mehl

Neutrales Öl, zum Braten

In einer Rührschüssel Joghurt mit Natron verrühren. Ei und Salz zugeben, rühren. Mehl nach und nach hinzufügen, einen weichen Teig kneten. Den Teig mit einem nassen Tuch bedecken und ca. 15–20 Minuten gehen lassen. Danach von dem Teig ein großes Stück nehmen, auf der leicht bemehlten Arbeitsplatte mit der Hand ausrollen und erweitern, mit der Hand leicht plattdrücken und mit Hilfe eines Messers kleine Rechtecke schneiden (jeweils ca. 3 Finger breit). Die Teigstücke jeweils von beiden Seiten einmal anschneiden und in heißem Öl beidseitig goldgelb braten.
Mit Käse und/oder Marmelade servieren.

Nudelsalat

250 g Schmetterlingsnudeln

100 g Mayonnaise

200 g Joghurt

1 EL Olivenöl

100 g Mais aus der Dose

100 g Erbsen aus der Dose

10–12 Stück Cornichons aus dem Glas

3–4 Stück Geflügelwurst

Nudeln in Salzwasser bissfest kochen, abtropfen lassen. Joghurt mit Mayonnaise und Olivenöl verrühren. Würste und Cornichons kleinschneiden. Alle Zutaten in einer Salatschüssel vermischen und servieren.

Erdnussriegel

Das Rezept ist sehr einfach und lässt sich mit Ihren Lieblingsmüslisorten weiter variieren.

für 9 Schnitten

4 EL Erdnussbutter

4 EL Honig

150 g Haferflocken

1 EL Vollkornmehl

Den Backofen auf 190 °C vorheizen. Eine kleine Backform mit Backpapier auslegen und beiseitestellen. In einer Pfanne bei mittlerer Hitze Erdnussbutter mit Honig unter Rühren schmelzen lassen, vom Herd nehmen. Haferflocken und Vollkornmehl zugeben, gut rühren und in der Backform glattstreichen. In dem vorgeheizten Backofen ca. 6–7 Minuten backen. Sofort in 9 gleichmäßige Scheiben schneiden und vollständig auskühlen lassen.

Die weiße Taube /
Beyaz Güvercin

Es war einmal ein König, vor dessen Palast stand ein Birnbaum, der trug alle Jahre schöne Früchte. Wenn sie aber reif waren, so wurden sie sonderbarerweise in der Nacht vom Baum gestohlen. Der König hatte drei Prinzen, und er befahl dem ältesten, den Baum ein Jahr lang zu bewachen. Der Prinz wachte mit allem Fleiß. Als aber die Früchte reif waren, schlief er des Nachts um Mitternacht ein, und am Morgen waren sie alle fort. Da befahl der König dem zweiten Prinzen, ein Jahr lang über den Baum zu wachen, doch ihm erging es ebenso. Da befahl der König dem dritten seiner Söhne, den Baum ein Jahr lang zu bewachen. Der dritte Prinz hieß Dummling. Alle lachten, als sie hörten, dass er über die Birnen wachen sollte, denn er wurde für dumm gehalten. So tat der Dummling, wie ihm geheißen, und als die Früchte reif waren, sah er des Nachts eine weiße Taube herbeifliegen, welche die Birnen abpickte und forttrug. Wie sie mit der letzten Birne davonflog, stand der Dummling auf und ging ihr nach. Da kam er zu einem hohen Berg, an dem die Taube in eine Felsspalte flog und verschwand. Der Dummling sah um sich, und da stand neben ihm ein kleines graues Männchen. „Ich suche eine weiße Taube, hast du sie gesehen?", fragte der Dummling. Da antwortete das Männchen: „Du bist der erste Mensch, der es hierher zu kommen geschafft hat. Steig in den Felsen hinab, dort wirst du dein Glück finden." Der Dummling folgte dem Rat des Männchens und betrat die Felsspalte, von der aus viele Stufen in den Fels hinabführten. Da sah er die weiße Taube, ganz zugewebt von vielen Spinnweben. Doch wie sie ihn erblickte, brach sie durch das Gewebe, und als die letzten Fäden zerrissen, stand eine schöne Prinzessin vor ihm. Sie nahm ihn mit auf ihr Schloss, wo er ihr Gemahl und ein reicher König wurde. Nach einem Jahr bekamen der neue König und die Königin ein Töchterchen. Die Königin kochte für ihre Tochter mit den Birnen des Baumes leckeren Obstpüree. Wisst ihr, wie es geht?

Bir zamanlar bir kral varmış. Bu kralın sarayının önünde her yıl çok güzel meyveler veren bir armut ağacı dururmuş, fakat bu meyveler olgunlaştığı gibi hemen gecesinde akıl sır ermez bir şekilde çalınırmış. Bu kralın üç oğlu varmış. Büyük olanına bir yıl boyunca ağacın başında nöbet beklemesini emretmiş. Büyük prens büyük bir gayretle nöbet beklemiş, fakat tam da tüm meyvelerin olgunlaştığı geceyarısında uyuyakalmış, sabah olduğunda ağacın üzerinde bir tek meyve bile yokmuş. Bunun üzerine kral ortanca oğluna bir yıl boyunca nöbet tutma görevi vermiş, fakat yine aynısı olmuş. Bu sefer kral küçük oğluna bir yıl boyunca nöbet tutma görevini vermiş. Küçük oğlanın adı Aptal Çocuk imiş, armutları koruma görevi ona verildiğinde diğerleri gülüp alay etmiş, çünkü herkes onu aptal yerine koyarmış. Kendisine aptal denilen çocuk nöbet tutmaya başlamış, meyvelerin olgunlaştığı gece, beyaz bir güvercinin oraya doğru uçtuğunu görmüş. Bu kuş meyveleri gagasıyla toplayıp götürmeye başlamış. Geride kalan son meyveleri alıp uçarak gittiğinde Aptal Çocuk kalkıp onun peşinden gitmiş. Yüksek bir dağın önüne kadar gelince, kuş dağın üzerindeki kayalıkta bulunan yarıktan içeriye doğru uçarak gözden kaybolmuş. Etrafına bakındığında yanında duran ufak tefek kır saçlı bir cüceyi farketmiş, cüceye „Beyaz bir güvercinin arkasından buraya geldim, onu gördünüz mü?", diye sormuş. O da cevap vermiş: "Sen buraya kadar gelmeyi başaran ilk insansın. Şu kayalığın içine gir, kısmetini orada bulacaksın." Aptal Çocuk yarığın içine doğru atlamış, bir sürü basamaktan indiğinde beyaz güvercini baştan aşağı bir dolu örümcek ağı ile sarılı halde bulmuş. Onu gördüğü anda güvercinin üzerindeki ağ çözülmeye başlamış, son ağ ipliği de açıldığında karşısında çok güzel bir prenses duruyormuş. Aptal Çocuk prensesi alıp sarayına dönmüş, onunla evlenip kendisi de kral olmuş. Bir yıl sonra yeni kral ve kraliçenin bir kız çocukları dünyaya gelmiş. Kraliçe bebeğine ağacın armutlarından nefis meyve püresi yaparmış. Nasıl yapılır biliyor musunuz?

Armut Püresi
Birnenpüree

---

2 große und reife Birnen

1/4 TL gem. Zimt

Den Ofen auf 200 °C bei Ober-/Unterhitze vorheizen. Die Birnen halbieren, entkernen, in eine ofenfeste Auflaufform legen und ca. 15–20 Minuten backen, bis die Birnen weich sind. Danach die Birnenhälften aus dem Ofen nehmen, schälen und das Fruchtfleisch mit Hilfe einer Gabel zerdrücken. Mit Zimt abschmecken und mit Joghurt, Grießbrei oder pur servieren.

---

2 adet iri ve olgun armut

1/4 çay kaşığı öğütülmüş tarçın

Fırınınızı 200 derece alt/üst ayarda önceden ısıtın. Armutları ikiye bölüp çekirdek kısımlarını temizleyin, fırına dayanıklı bir kaba yerleştirip 15-20 dakika armutlar yumuşayana kadar pişirin. Sonra armutları fırından alıp kabuklarını soyun, çatal yardımıyla içini ezin ve tarçınla tatlandırın, ister yoğurt veya irmik tatlısıyla ya da sade olarak tüketin.

Bananenplätzchen (vegan)

---

für 2 Backbleche voller Kekse

1 große, reife Banane

300 g Mehl

1 TL Natron

ca. 180 g Zucker

1 EL Vanillezucker

150 g Pflanzenmargarine
(15 Minuten auf Zimmertemperatur bringen)

Den Backofen auf 180 °C Ober-/Unterhitze vorheizen. Backblech leicht einfetten. Banane schälen, mit Hilfe einer Gabel zerdrücken. In einer Schüssel Margarine und Zucker mischen. Bananen und Vanillezucker unterheben. Mehl mit Natron mischen und ebenfalls unterheben. Einen glatten und weichen Teig kneten. Kleine runde Plätzchen formen und auf dem Backblech mit etwas Abstand nebeneinander legen. Im vorgeheizten Backofen ca. 12 Minuten leicht goldgelb backen. Auf dem Küchengitter auskühlen lassen.

Keks-Milchshake

---

pro Becher

2 Doppelkekse

200 ml Milch

1 Kugel Vanilleeis

Doppelkekse im Mixer fein bröseln, Milch zugießen, rühren.
Mit Vanilleeis servieren.

Die drei Königssöhne /
Üç Prens

Es war einmal ein König, der hatte drei Söhne. Der König konnte sich nicht entscheiden, welcher von ihnen das Land nach ihm regieren sollte. So sammelte er einmal seine Kinder um sich und sagte: „Jeder von euch soll um die Welt reisen. Wer von seiner Reise das feinste Linnen mitbringt, der soll nach mir regieren." Dann stellte er sich vor seinen Palast, blies drei Federn in die Luft und wies jeden seiner Söhne an, der Richtung einer Feder zu folgen. Eine flog nach Westen, der folgte der älteste Sohn, eine nach Osten, der folgte der zweite, die dritte aber fiel auf einen Stein nicht weit vom Palast. Da lachten die beiden ältesten Prinzen den Dummling, ihren jüngsten Bruder, aus, dass er dableiben und das Linnen an diesem Stein suchen müsse. Der Dummling setzte sich auf den Stein und weinte bitterlich, so dass sich der Stein unter ihm hin und her bewegte. Plötzlich aber schob sich der Stein ganz fort und darunter kam eine Marmorplatte mit einem Ring zum Vorschein. Der Dummling zog daran und die Platte öffnete sich.

Bir zamanlar bir kralın üç oğlu varmış. Bu kral kendisinden sonra ülkeyi kimin yönetmesi gerektiğine karar veremiyormuş. Birgün çocuklarını etrafına toplamış ve şöyle demiş: „Herbiriniz dünyaya dağılın, kim ki en zarif kumaşı bana getirirse, o benden sonra ülkeyi yönetecek." Kral sarayın önünde durmuş, üç tane kuş tüyünü havaya fırlatmış, ne tarafa uçarlarsa delikanlılar o yöne gitmek zorunda imiş. Biri batıya doğru uçmuş, büyük oğlan o tarafa gitmiş, biri doğuya doğru uçmuş, bunu ortanca takip etmiş, üçüncüsü ise saraya fazla uzak olmayan bir taşın üzerine düşmüş, iki büyük prens küçük kardeşlerine orada kalıp taşın etrafında kumaşı araması gerektiği için gülüp alay etmişler. Aptal Çocuk taşın üzerine oturup büyük bir üzüntü ile ağlamaya başlamış, ağlarken üzerinde oturduğu taşın ileri geri hareket etmesine yol açmış. Derken bir anda taş yerinden tamamiyle kaymış, kayınca da üzerinde bir halka olan mermer bir levha görünmüş. Aptal Çocuk halkayı tutup kaldırmış ve levha açılmış.

Er folgte einigen Stufen, die hinabführten, und gelangte in ein schönes Gewölbe, wo ein junges Mädchen saß, das eifrig spann. Der Dummling klagte ihm sein Leid. Da spann das Mädchen ihm das allerfeinste Linnen und hieß ihn hinaufzugehen und es seinem Vater zu bringen. Als er hinaufkam, waren seine Brüder mit ihren Linnen auch schon da, aber seines war das feinste. Doch wollten die Brüder sich nicht zufriedengeben und der König blies aufs Neue drei Federn in die Luft. Diesmal verlangte er den schönsten Teppich. Die zwei ältesten Brüder zogen wieder nach Westen und Osten. Die Feder des Dummling aber fiel wieder auf einen Stein. Sofort stieg er darunter und erblickte erneut das junge Mädchen, das einen wunderbaren Teppich webte. Er brachte ihn hinauf, und auch er war schöner als die seiner Brüder. Doch da die Brüder keine Ruhe gaben, wurden aufs Neue Federn in die Luft geblasen, nun sollte jeder die schönste Frau erwerben.

Aşağı doğru giden birkaç basamaktan inmiş, burada çok güzel kubbeli bir odacık varmış, içerisinde küçük bir kız oturmuş hevesle kumaş dokuyormuş. Aptal Çocuk derdini anlatmış, kız işlediği dünyanın en zarif kumaşını ona verip babasına götürmesini söylemiş. O yukarı çıkana kadar kardeşleri ellerinde kendi kumaşları ile çoktan oraya gelmişler, onun kumaşının en zarif olduğuna karar verilmiş. Oysa ki kardeşleri bu durumdan hoşnut olmamışlar, kral yeni baştan üç tane kuş tüyünü havaya fırlatmış ve çocuklarından en güzel halıyı getirmelerini istemiş. İki büyük kardeş yine doğuya ve batıya doğru gitmişler. Aptal çocuğun kuş tüyü ise tekrar bir taşın üzerine düşmüş. Aşağı inmekten erinmemiş, meğer aşağıda bir genç kız harikulade bir halı dokumakla meşgulmüş. Halıyı alıp gelmiş, onun halısı kardeşlerininkinden çok daha güzelmiş. Fakat kardeşleri yine bu durumdan hoşnut olmamışlar. Tekrar yeni baştan kuş tüyleri havaya fırlatılmış, bu sefer en güzel kadını bulmak zorunda imişler.

Wie der Dummling erneut seiner Feder folgte und zu dem Mädchen hinabstieg, sagte es ihm, er solle nur weiter in das Gewölbe gehen bis in das goldene Gemach, dort werde er eine edle Dame finden. Der Dummling eilte hin und öffnete ein Gemach, das von Gold und Edelsteinen nur so blitzte. Drinnen jedoch saß keine schöne Frau, sondern ein entsetzlich hässlicher Frosch. Der Dummling fasste Mut, trug den Frosch herauf zu einem nahen Teich und warf ihn hinein. Kaum aber berührt der Frosch das Wasser, so verwandelte er sich in die schönste Frau, die je gelebt hatte. Doch als die anderen Prinzen und ihre Gemahlinnen sie wenig später erblickten, wollten sie sich immer noch nicht zufriedengeben und verlangten, diejenige solle den Vorzug bekommen, welche bis zu einem Ring springen könne, der hoch oben mitten im Saal befestigt war. Der König willigte schließlich ein, und nun versuchten alle drei Frauen, hinaufzugelangen. Die beiden ersten aber kamen nicht hoch genug und stürzten zu Tode. Nur die schöne Frau aus der Höhle gelangte gleich zum ersten Mal hinauf und hielt den Ring mit beiden Händen umfasst. Darauf wurde der Dummling König und sie Königin. Es wurde eine prachtvolle Hochzeit gefeiert. Anstatt einer Hochzeitstorte aber wurde Käsekuchen gebacken, den alle Kinder so lieben.

Aptal Çocuk aşağı indiğinde bir kız ona kubbenin içerisinden altın odaya geçmesini söylemiş, orada dünyanın en güzel kadınını bulacakmış! Çabucak gidip odanın kapısını açmış, içerisi altın ve mücevherlerle dolu ve ışıl ışılmış, içeride oturan ise bir kadın değil, tam tersine çok çirkin bir kurbağa imiş. Aptal Çocuk cesaretini toplayıp onu en yakındaki su birikintisine götürüp bırakmış, kurbağa suya düştüğü anda şimdiye kadar dünyaya gelen en güzel kadına dönüşmüş, diğer prensler ve eşleri yine bu durumdan hoşnut olmamışlar ve bir teklif sunmuşlar, sarayın salonunun tavanına bir yüzük asılmış, hangisi yukarıya sıçrayıp yüzüğü alırsa o kralın birinci derecede varisi olacakmış. Kral nihayet onaylamış, üçü de yukarı sıçrayıp yüzüğü almayı denemişler. İki büyük prens yeterince yukarıya sıçrayamamışlar ve yere düştüklerinde ölmüşler. Sadece yerin altından gelen kız bir kerede sıçrayıp iki eliyle yüzüğü tutarak yakalayabilmiş. Bunun üzerine Aptal Çocuk kral ve o kız da kraliçe olmuş. Sonra muhteşem bir düğün töreni düzenlenmiş. Bunun için düğün pastası yerine peykek yapılmış, çünkü bütün çocuklar bu peykeki çok severmiş.

Käsekuchen

---

für 8–10 Personen

für den Boden

175 g Mehl

1 Ei

2 EL Margarine oder weiche Butter

100 g Zucker

1 Prise Salz

für den Belag

1 kg Sahnejoghurt (10 %)

5 Eier

100 ml Pflanzenöl

150 g Zucker

---

1 Packung Vanillepuddingpulver

Den Ofen auf 160 °C bei Ober-/Unterhitze vorheizen. Für den Boden die benötigten Zutaten vermischen und gut kneten. Eine runde Backform (28 cm) leicht einfetten. Den Teig auf der leicht bemehlten Arbeitsplatte gut ausrollen, den Boden und den Rand der Backform damit auslegen. Mit Hilfe einer Gabel den Teigboden mehrfach einstechen. Im Kühlschrank kaltstellen.

In einer Rührschüssel Eier mit Pflanzenöl, Zucker und Vanillepudding-pulver gut verrühren. Sahnejoghurt dazugeben, alles untereinander gut verrühren. Den Belag auf dem Kuchenboden glatt verstreichen. Im vorgeheizten Backofen ca. 50 Minuten leicht goldgelb backen. Den Ofen ausschalten. Den Kuchen kurz darin lassen, dann rausnehmen. Vollständig auskühlen lassen, dann im Kühlschrank 2 Stunden kaltstellen und anschließend servieren.

Milchbrötchen

für ca. 18–20 Brötchen

1/3 Würfel frische Hefe (ca. 15 g)

100 ml lauwarme Milch

100 ml neutrales Öl

300 ml lauwarmes Wasser

1/2 TL Salz

2 EL Zucker

ca. 800 g Mehl

1 Eigelb

Alle Zutaten ohne das Mehl in einer Rührschüssel verrühren. Mehl nach und nach zugeben. Einen weichen Teig kneten. Mit geölten Händen den Teig zu einer Kugel formen. Die Schüssel luftsicher abdecken. Den Teig an einem warmen Ort gehen lassen, bis er doppelte Größe erlangt hat. Den Ofen auf 200 °C bei Ober-/Unterhitze vorheizen. Ein Backblech mit Backpapier belegen. Vom Teig kleine Stücke nehmen und mit etwas Abstand auf dem Backblech platzieren. Mit Eigelb bestreichen.
Im vorgeheizten Backofen ca. 25–30 Minuten goldgelb backen.
Nach dem Backen kurz ruhen lassen und servieren.

Die zwei Schornsteinfegerjungen / İki Bacacı Kardeş

Es lebten einmal zwei Schornsteinfegerjungen zusammen, die waren sehr arm. Sie hatten auch ein Schwesterchen, das mussten sie auch ernähren. Nicht einmal die Besen fürs Schornsteinfegen konnten sie sich kaufen und mussten in den Wald gehen, um sich dazu Birken zu holen. Eines Morgens backte ihre Schwester leckere Muffins und steckte sie in ihre Rucksäcke. Dann gingen die Brüder in den Wald hinaus. Der jüngere stieg auf einen Baum und wollte die Äste abschlagen, da fand er ein Nest. Darin saß ein schönes dunkelfarbiges Vöglein, das hatte goldfarbene Eier unter sich liegen, die man durch seine Flügel schimmern sah. Der Junge rührte es mit der Hand an, aber es blieb ruhig sitzen und duldete, dass er die glänzenden Eier unter den Flügeln hervorzog und damit vom Baum herabstieg. Beide Brüder freuten sich sehr, gingen heim und brachten die Eier zum Goldschmied, der ihnen viel Geld dafür gab, denn es war feinstes Gold daran. Von nun an gingen sie alle Morgen hinaus, nahmen dem Vöglein das goldene Ei, das es in der Nacht gelegt hatte, und wurden bald vermögend.

Bir zamanlar iki baca temizleyicisi kardeş birlikte yaşıyorlarmış, çok fakirlermiş, bir de yanlarında bakmak zorunda oldukları bir kızkardeşleri daha varmış. Baca temizlemek için fırça bile alamayacak durumda imişler, bu iş için kendileri ormana giderek huş ağaçlarından dal topluyorlarmış. Bir sabah kızkardeşleri onlara mafin pişirip sırt çan-

talarına koymuş ve ormana gitmek üzere yola çıkmışlar, küçük olanı dal koparmak için bir ağacın üzerine çıktığında bir kuş yuvası görmüş, yuvanın içerisinde koyu renkli çok güzel bir kuş varmış, kuşun kanatlarının altından ışıldayan altın yumurtaları görülüyormuş. Delikanlı ona eliyle dokunmuş, kuş hiç kıpırdamadan altındaki yumurtalarını alana ve ağaçtan inene kadar sakince oturmaya devam etmiş. İki kardeş sevinerek eve dönmüşler. Altın yumurtaları kuyumcuya götürmüşler, yumurtalar som altından olduğu için kuyumcu onlara karşılığında çok para vermiş. O günden sonra her sabah kuşun yumurtladığı altın yumurtaları almaya gitmeye başlamışlar ve bu sayede kısa sürede oldukça varlıklı olmuşlar.

Eines Morgens aber sagte das Vöglein: „Jetzt werde ich keine Eier mehr legen, aber bringt mich zum Goldschmied, es wird euer Glück sein!" Sie taten wie ihnen geheißen und brachten das Vöglein zum Goldschmied. Als er allein mit ihm war, begann es zu singen:

„Wer isst mein Herzelein, der wird bald Kaiser sein. Wer isst mein Leberlein, findet alle Morgen unterm Kissen Goldbeutelein."

Fakat bir sabah kuş şöyle demiş: „Artık ben yumurtlamayacağım, beni de alın kuyumcuya götürün, bu size şans getirecek." Dediğini yapmışlar ve kuşu oraya götürmüşler. Kuyumcu yalnız kaldığı bir anda kuş şarkı söylemeye başlamış:

„Kim kalbimi yerse, yakında kayser olur. Kim ciğerimi yerse, her sabah yastığının altında altın dolu bir kese bulur."

Wie der Goldschmied das hörte, schickte er jemanden geschwind zu den Schornsteinfegerjungen und ließ ihnen sagen: Wenn sie ihm den Vogel lassen wollten, so wollte er ihre Schwester heiraten. Da waren sie alle zufrieden. Als der Hochzeitstag kam, wurde das Vöglein geschlachtet und zum Braten an einen Spieß gesteckt. Die beiden Schornsteinfegerjungen aber sollten sich neben das Feuer stellen und den Braten wenden. Wie sie ihn so herumdrehten und der Vogel bald gar war, fiel ein Stückchen von ihm heraus. „Ei", sagte der eine, „das muss ich versuchen!", und aß das Stückchen auf. Bald darauf fiel noch ein Stückchen heraus, das aß der andere. Es waren diese Stückchen aber das Herzelein und das Leberlein.

Kuyumcu bunu duyduğu gibi, baca temizleyicisi gençlere haberci yollatmış ve şöyle dedirtmiş: „Eğer kuşunuzu ona vermek istiyorsanız, kızkardeşinizle evlenmek istiyor." Buna hepsi memnun olmuş. Düğün gününde kuş kesilip kızartılmak üzere bir şiş üzerine geçirilmiş. İki baca temizleyicisi genç, ızgaradaki şişi çevirmekle görevliymiş. Onlar şişi çevire dursun, kuş tam piştiği zaman, içinden bir parça düşmüş. „Ah," demiş biri, „bir tadına bakayım.", ve düşen parçayı yemiş. Az sonra bir parça daha düşmüş, onu da diğer genç yemiş. Bu parçalar meğer kalp ve ciğermiş.

Als nun das Vöglein gebraten auf den Tisch kam, wollte der Goldschmied Herz und Leber allein essen und schnitt es auf, aber da war beides nicht mehr darin. Zornig stand er auf und fragte: „Wer hat Herz und Leber gegessen?" Die beiden Schornsteinfegerjungen sagten unschuldig: „Das haben wir getan!" Da war der Goldschmied wütend und rief: „Habt ihr Herz und Leber gegessen, so mag ich euer Schwesterlein nicht mehr!" Die Schornsteinfegerjungen aber nahmen ihre Schwester mit und gingen fort. Sie wurden Kaiser und lebten gemeinsam in großem Reichtum.

Kuş kızartılıp masaya getirildiğinde, kuyumcunun niyeti kalbini ve ciğerini tek başına yemekmiş, oysa ki kuşu kestiğinde içinde ikisinden de eser yokmuş. Öfkeyle yerinden kalkıp sormuş: "Kim kalbi ve ciğeri yedi?", ikisi de masum bir şekilde cevap vermişler: "Biz yedik." Bunun üzerine kuyumcu çok sinirlenerek bağırmış: "Demek siz kalbi ve ciğeri yediniz, öyleyse ben de sizin kızkardeşinizi artık istemiyorum." İki baca temizleyicisi genç, kızkardeşlerini alıp oradan ayrılmışlar. İki kardeş de kayser olmuş ve kızkardeşleri ile birlikte hayatları boyunca zenginlik içinde yaşamaya devam etmişler.

Maismuffins

3 Geflügelwürste

2 Eier (Größe M)

150 g Maismehl

150 g Weizenmehl

2 TL Backpulver

1 TL Salz

1 TL Zucker

100 ml Maisöl

200 g Joghurt

Den Ofen auf 180 °C Ober-/Unterhitze vorheizen. Eine 12er-Muffinform mit Papierförmchen auskleiden. Die Würste je in 4 Stücke schneiden. In einer Schüssel Eier mit Öl und Joghurt verrühren. In einer zweiten Schüssel die trockenen Zutaten, außer den Wurststücken, mischen. Die trockenen Zutaten zur flüssigen Mischung geben und vorsichtig unterheben. Den Teig in die Muffinmulden verteilen. 10 Minuten im vorgeheizten Backofen backen, dann die Wurststücke jeweils in die Mitte stecken und weitere 10 Minuten backen. Den Ofen ausschalten und noch 5 Minuten darin lassen. Die Muffins in der Form noch weitere 5 Minuten ruhen lassen und anschließend servieren.

Vanillemuffins mit Schokostücken

für 12 Stück

2 Eier (Größe M)

100 g Butter

200 ml Vollmilch

350 g Mehl

200 g Zucker

1 Päckchen Vanillezucker

2 TL Natron

50 g Vollmilchschokolade

Den Backofen auf 180 °C vorheizen. Eine 12er-Muffinform mit Butter einfetten. Butter schmelzen lassen. Schokolade grob hacken. In einer Schüssel Mehl mit Zucker, Vanillezucker und Natron mischen. In einer weiteren Schüssel Eier mit Vollmilch und der gut geschmolzenen Butter verrühren. Die flüssigen Zutaten in die Mehlmischung gießen, mit Hilfe eines Spachtels so lange verrühren, bis alle Zutaten in der Mehlmischung feucht sind, dabei nicht zu stark rühren. Schokolade unterheben. Den Teig gleichmäßig in die Muffinförmchen verteilen und ca. 20 Minuten backen. Den Ofen ausschalten und die Muffins noch weitere 5 Minuten darin lassen. Dann aus dem Backofen holen.

Zitronen-Joghurteis

Eine einfache Eismaschine zu kaufen, lohnt sich in jedem Fall. Man kann damit einige einfache, aber leckere Eissorten zubereiten. Dieses Eis mit Zitrone ist ziemlich sauer, aber meine Kinder finden es lecker!

---

für 6 Personen

500 g Sahnejoghurt mit 10 % Fettanteil

200 ml kalte Sahne

Saft von 3 Bio-Zitronen

150 g Zucker

Die Zutaten in der Eismaschine verrühren lassen.
Dann 5–6 Stunden ins Gefrierfach stellen. Servieren.

Prinz Schwan /
Kuğu Prens

In früheren Zeiten kam ein Mädchen mitten in den tiefen Wald. Da begegnet ihm ein schneeweißer Schwan, an dem ein Knäuel Garn befestigt war, und sprach zu ihm: „Ich bin ein verzauberter König, aber du kannst mich befreien, wenn du dieses Knäuel Garn abwickelst. Doch reißt du es entzwei, so komme ich nicht in mein Königreich und werde nicht erlöst. Falls du mir hilfst, werde ich dich heiraten." So nahm das Mädchen das Knäuel in die Hände. Der Schwan erhob sich langsam in die Lüfte und das Garn wickelte sich leicht ab. So stand das Mädchen den ganzen Tag und rollte das Knäuel ab. Schon wollte es Abend werden und das Ende des Fadens war bereits zu sehen, da riss er plötzlich ab. Das Mädchen setzte sich hin und weinte bitterlich. Indessen war es Nacht geworden, die Sternlein blinkten am Himmel und der Wind wehte in dem dunklen Wald. Lang irrte das Mädchen umher, da erblickte es endlich in der Ferne ein Lichtlein. Mühsam kämpfte es sich hin, da stand es vor einem kleinen Häuschen.

Çok eskiden bir kız sık bir ormanın derinliklerine gitmiş. Orada karbeyazı bir kuğu ile karşılaşmış. Kuğu bir yumak iplikle sarılı imiş. Kızı görünce demiş ki: „Ben büyülenmiş bir kralım, oysa sen bu yumağı çözerek beni kurtarabilirsin, yok eğer iplik koparsa krallığıma dönemem, büyü de bozulmaz. Bana yardım edersen seninle evlenirim." Kız bunun üzerine ipliği eline almış. Kuğu yavaşça olduğu yerden göğe doğru yükselmeye başlamış, iplik kolayca açılıyormuş. Kız bütün gün boyunca durup ipliği çözmekle

40

uğraşmış, neredeyse akşam olmak üzereymiş, tam ipin ucu görünmeye başladığı anda kopuvermiş. Kız yere çöküp kederle ağlamaya başlamış. Bu arada gece olmuş, yıldızlar gökyüzünde ışıl ışılmış, kapkara ormanın içerisinden rüzgar esiyormuş. Kız uzun süre etrafta dolanmış, nihayet uzakta bir ışık görmüş. Zorlukla oraya kadar gidebilmiş, küçük bir kulübenin önünde durmuş.

Das Mädchen klopfte an. Ein altes Mütterchen von freundlichem Angesicht trat heraus und fragte, was es wolle. „Ach, liebe Frau", sagte das Mädchen, „gebt mir bitte diese Nacht Herberge und ein wenig Brot." Da erschrak das Mütterchen sehr und sprach: „Mein Mann ist ein Menschenfresser, wenn der nach Hause kommt und dich findet, so ist es um dich geschehen." Doch ließ das Mütterchen das Mädchen herein, gab ihm Nudelsuppe und ein Stück Brot und versteckte es unter dem Bett. Als der Mann jedoch heimkam, roch er das Mädchen sofort. „Ich wittere Menschenfleisch", sprach er und zog es unter dem Bett hervor. Durch Bitten und Betteln brachte das Mütterchen ihn schließlich dazu, dass das Mädchen die Nacht durch noch leben sollte. Ehe es nun Morgen ward und der Menschenfresser erwachte, rief das Mütterchen das Mädchen und sprach zu ihm: „Geh, eil dich fortzukommen, ehe mein Mann aufwacht. Ich schenke dir hier ein goldenes Spinnrädchen, das halte in Ehren. Ich heiße Sonne." Darauf ging das Mädchen wieder in die Wildnis. Am Abend kam es erneut an ein Häuschen, da trug sich alles so zu wie in der Nacht zuvor.

Kız kapıyı çalmış, dost canlısı görünen yaşlı bir anne kapıyı açmış ve ona ne istediğini sormuş. „Ah, sevgili bayan," demiş kız, „lütfen bana bu gece için kalacak bir yer ve bir parça ekmek verin." O an anne korku içinde şöyle demiş: „Kocam insan yiyen biridir, eğer eve gelir seni bulursa, başına kötü şeyler gelir." Yine de kızı içeri almış, yemesi için şehriye çorbası ve bir parça ekmek vermiş, kız çorbasını içtikten sonra, yatağının altına saklamış. Adam eve geldiği gibi hemen kızın kokusunu almış. „Ben insan kokusu alıyorum.", diyerek yatağın altındakileri öne çekmiş. Annenin yalvarıp yakarmasıyla, kızın bir gece daha yaşaması mümkün olmuş. Sabah olduğu gibi insan eti yiyen adam daha uykuda iken annecik kızı kaldırmış ve ona demiş ki: „Kocam uyanmadan çabucak buradan git, sana altından bir çıkrık hediye ediyorum, bunu özenle sakla, benim adım Güneş'tir." Kız bunun üzerine tekrar vahşi ormanın derinliklerinde bütün gün dolanmış, akşam olunca tekrar küçük bir kulübeye rastlamış, orada da önceki gece olanlar başına gelmiş.

Das Mütterchen, das in diesem Haus wohnte, gab ihm beim Abschied eine goldene Spindel und sprach: „Ich heiße Mond." Auch am dritten Tag widerfuhr dem Mädchen dasselbe. Das dritte Mütterchen mit dem Namen Stern gab ihm zum Abschied eine goldene Haspel und sprach: „Obgleich der Faden abgerissen ist, so war Prinz Schwan doch schon so weit, dass er in sein Reich gelangen konnte. Er ist erlöst und wohnt in großer Herrlichkeit auf dem gläsernen Berg. Heute Abend wirst du dort ankommen, aber ein Drache und eine Löwe bewachen ihn. Darum nimm diesen Speck und dieses Brot, das wirf den beiden Ungeheuern in den Rachen, so werden sie dich durchlassen." Wie sie gesagt hatte, geschah es auch. Das Mädchen gelangte zu dem Schloss, es kam aber nicht zum König, der inzwischen verheiratet war, da vor dem Schloss ein Löwe und ein Drache schliefen. Die wilden Tiere rochen den Menschengeruch und erwachten. Gleich warf das Mädchen ihnen Brot und Speck zu. Sie aßen sich satt und schliefen weiter. Das Mädchen aber setzte sich vor das Schlosstor und spann auf seinem goldenen Rädchen.

Bu evde yaşayan annecik veda ederken ona altından bir çıkrık vermiş ve „Benim adım Ay'dır.", demiş. Üçüncü gün de benzer olaylar başından geçmiş. Adı Yıldız olan üçüncü annecik ona altından bir makara vermiş ve demiş ki: "İp hemencecik kopmuş olsa da Kuğu Prens kendi krallığına varabilecek kadar uzaklaşmış olmalı. O kurtuldu ve büyük bir ihtişam içerisinde camdan bir dağda yaşıyor. Bu akşam oraya gideceksin, ama bir ejderha ve aslan onun koruyuculuğunu yapıyor, o yüzden bu içyağını ve bu ekmeği al, iki canavar öfkelendiği zaman onlara doğru at, bu şekilde seni rahat bırakırlar." Herşey aynen bu şekilde olmuş, kız saraya varmış, ama kralın yanına çıkamamış. Çünkü sarayın önünde uyumakta olan bir aslan ve bir ejderha varmış. Vahşi hayvanlar insan kokusu alınca uyanmışlar. Kız hemen ekmek ve içyağını hayvanların önüne atmış. Hayvanlar doyana kadar yedikten sonra tekrar uyumaya devam etmişler. Kız sarayın kapısına oturup altın çıkrığı ile ip eğirmeye başlamış.

Da trat die Königin heraus und wollte das Spinnrädchen haben. Das Mädchen versprach es ihr, wenn sie erlauben wolle, dass sie eine Nacht neben dem Schlafzimmer des Königs verbringen dürfte. Dieses Gemach war aber so beschaffen, dass der König alles hören konnte, was darin gesprochen wurde. Das Mädchen nahm eine Harfe, die darin stand, und sang die ganze Nacht:

„Denkt der König Schwan
noch an seine versprochene Julia?
Die ist gegangen durch Sonne, Mond und Sterne,
durch Löwen und durch Drachen,
will der König Schwan denn gar nicht erwachen?"

Kraliçe çıkrığı ondan almak için saraydan dışarıya çıkmış. Kız gece kralın yanındaki odada kalması için izin verirse kendisine vereceğine dair söz vermiş. Bu oda öyle düzenlenmiş ki, kral konuşulan herşeyi duyabilirmiş. Kız orada duran arpı eline alıp bütün gece şarkı söylemiş:

"Kuğu kral hatırlıyor mu
Sözlüsü Julia' yı?
Güneş'e, Ay'a, Yıldız'a gitti,
aslanlardan ejderhalardan geçti,
Kuğu Kral hiç uyanmak istemiyor mu?"

Doch der König erwachte nicht, denn die listige Königin hatte ihm einen Schlaftrunk gegeben. Am anderen Morgen saß das Mädchen erneut vor dem Schloss und spann mit seiner goldenen Spindel. Auch diese wollte die Königin haben und das Mädchen versprach sie ihr unter derselben Bedingung. Es sang die ganze Nacht, aber der König hatte wieder einen Schlaftrunk erhalten und hörte sie nicht. Am dritten Morgen haspelte das Mädchen auf der goldenen Haspel, und es gab auch diese für die erneute Erlaubnis der Königin, neben dem Gemach des Königs zu schlafen. Da es den Betrug aber bemerkt hatte, brachte es den Diener dazu, dass er dem König etwas anderes zu trinken gab. Und wie es nun in der Nacht zu singen begann, hörte der König sogleich seine Stimme und erkannte das Mädchen, und mit großer Freude kam er zu ihm. Es wurde seine Gemahlin, nachdem die Königin selbst zugegeben hatte, dass man den alten Schlüssel einem späteren vorziehen müsse, wenn man ersteren wiederfände. Die beiden wurden sehr glücklich.

Bir tek kral uyanmamış, çünkü kıskanç kraliçe ona uyku yapan bir içecek vermiş. Ertesi sabah kız yine sarayın önünde oturmuş, altın çıkrığı ile ip eğiriyormuş. Kraliçe onu da almak istemiş ve kız da aynı şartlar altında vermeyi kabul etmiş. Bütün gece şarkı söylemiş, oysa kral yine uyku yapan içecekten içtiği için hiçbir şey duymamış. Üçüncü günün sabahında kız altın makarasını çeviriyormuş, yine kralın kaldığı dairenin yanındaki odada yatabilmesine yeniden müsaade eden kraliçeye vermiş. Kız kraliçenin yaptığı hileyi anlamış ve hizmetçinin krala başka bir içecek vermesini sağlamış. Kız şarkı söylemeye başladığında kral hemen onun sesini tanımış ve sevinçle yanına gitmiş. Kraliçenin "Eski anahtar yeniden bulunursa, sonradan gelenin yerine geçer." diyerek izin vermesi üzerine kral sevdiği kızla dünyaevine girmiş. Çok mutlu olmuşlar.

Nudelsuppe

für 6 Personen

250 g Muschelnudeln

1 l Hühnerbrühe

1 Zwiebel

1 reife Tomate

1 EL Tomatenmark

Salz, Pfeffer

1 EL Butter

Zwiebel und Tomaten schälen und feinhacken. In einem Kochtopf bei mittlerer Hitze Butter schmelzen lassen. Zwiebelstücke darin 2 Minuten glasig andünsten. Tomatenwürfel zugeben, 1 Minute zusammen anbraten. Tomatenmark hinzufügen, kurz rühren. Unter ständigem Rühren Hühnerbrühe hinzugießen. Salzen und pfeffern. Zum Kochen bringen und Nudeln zur Suppe geben. Zusammen kochen, bis die Nudeln bissfest sind. Kurz ruhen lassen und servieren.

Nudeln mit Tomatensoße

für 4 Personen

250 g Nudeln

Salz, Pfeffer

je 1/2 TL getr. Oregano, Basilikum

2–3 EL Olivenöl

1 Knoblauchzehe

200 g reife Tomaten (oder geschälte Tomaten aus der Dose)

50 g geriebener Goudakäse

Nudeln in Salzwasser bissfest kochen. Vom Kochwasser einen Schöpflöffel abnehmen und die Nudeln sieben. Gleichzeitig in einem großen Topf bei mittlerer Hitze die geschälte und gepresste Knoblauchzehe kurz rösten. Geschälte und feingehackte Tomaten zugeben. Salz und Gewürze zugeben, bei reduzierter Hitze 3–4 Minuten köcheln lassen. Nudelwasser zugießen und weitere 3–4 Minuten köcheln lassen, dann die Nudeln hinzufügen, umrühren. Beim Servieren den geriebenen Käse darüberstreuen.

Vom Schneiderlein Däumling / Terzinin Oğlu -Parmak Çocuk

Es war einmal ein Schneider, der hatte einen Sohn, der war nur einen Daumen groß und hieß Däumling. Der sprach zu seinem Vater: „Vater, ich will auf die Wanderschaft gehen." Da nahm der alte Schneider eine große Stopfnadel, machte einen Knoten aus Siegellack daran und gab sie ihm als Degen mit auf den Weg.

Zuerst kam der Däumling bei einem Meister in die Arbeit. Dessen Frau backte sehr leckere Kekse, gab dem Däumling aber nur ein Stück davon ab. In der Nacht schlich er heimlich in die Küche und aß alle Kekse auf. Da wurde die Meisterfrau böse und wollte ihn schlagen. Der Däumling aber kroch flink unter einen Fingerhut, machte weiter seine Streiche, verbarg sich unter Lappen, in Tischritzen und so fort, bis er schließlich fortgejagt wurde.

Bir zamanlar bir terzi varmış. Bu terzinin oğlu parmak kadarmış. Birgün oğlan babasına demiş ki: „Baba, ben yolculuğa çıkmak istiyorum." Babası bir toplu iğne almış, üzerine ıslak mühürle düğüm yapmış ve bunu yola çıkarken kılıç niyetine yanında götürmesi için vermiş.

Parmak Çocuk önce bir ustanın yanına işe girmiş. Ustanın karısı nefis kurabiyeler pişirmiş, ona bir tane vermiş. Gece olunca Parmak Çocuk gizlice mutfağa girip bütün kurabiyeleri yemiş. Ustanın karısı bu işe çok kızmış, ona vurmak istemiş. Ama Parmak

Çocuk atik davranıp bir yüksüğün altına girmiş, sonra bezin altına saklanıp masanın çizik olduğu yerlere sıçramış, yakalanıp oradan kovulana dek muzurluklarına devam etmiş.

Daraufhin wanderte er durch den Wald und begegnete einem Haufen von Räubern, die des Königs Schatz stehlen wollten. Die Räuber trugen ihm auf, er solle sich in die Schatzkammer schleichen und ihnen das Geld zum Fenster hinaus zuwerfen. Wie er bei der Wache vorbeiging, sah ihn einer und sprach: „Was kriecht denn da für eine garstige Spinne, die muss man wohl tottreten!" – „Ach, was hat sie dir denn getan, lass sie doch leben", entgegnete die andere Wache. So kam der Däumling an ihnen vorbei.

Oradan ayrıldıktan sonra bir ormana gitmiş ve kralın hazinesini çalmaya niyet eden bir dolu hırsızla karşılaşmış. Hırsızlar Parmak Çocuk'u alıp yanlarında götürmüşler, gizlice hazineye girip paraları pencereden dışarı atmalı imiş. Parmak Çocuk bekçinin yanından geçerken, bir bekçi onu farketmiş ve demiş ki: „Niye yerde sürünüp duruyor bu çirkin örümcek, üzerine basıp öldürmeli." - „Ah, sana ne zararı var, bırak yaşasın." diye karşılık vermiş yanındaki de. Bu şekilde onları atlatıp oradan geçip gitmiş.

Glücklich kam er in die Schatzkammer und warf einen Taler nach dem anderen zum Fenster hinaus. Der König merkte, dass sein Geld immer weniger wurde, und wusste nicht, wie, daher ließ er es besser bewachen, um den Dieb zu ergreifen. Aber das Schneiderlein setzte sich unter einen Taler und rief: „Hier bin ich!", und wenn die Wachen dahinliefen, sprang es geschwind in eine andere Ecke unter einen anderen Taler und rief wieder: „Hier bin ich!", und so immerfort, bis die Wächter endlich müde wurden, weil sie nichts sahen, und davongingen. Der Däumling warf nun nach und nach die Taler alle hinaus, setzte sich auf den letzten und flog mit ihm zum Fenster hinaus. Die Räuber machten ihn zu ihrem Hauptmann und teilten die Beute untereinander. Der Däumling aber konnte nicht viel nehmen, da er nur einen Taler bei sich tragen konnte.

Böylece şansı yardım etmiş ve hazine dairesine ulaşmış, talerleri* ardı ardına pencereden dışarıya atmaya başlamış. Kral parasının sürekli azaldığını farketmiş, ama bunun nasıl olduğuna bir anlam veremiyormuş, hırsızı yakalayabilmek için güvenliği artırmış. Küçük terzi bir talerin altına girip seslenmiş: "Burdayım!" Sesin geldiği yere gittiklerinde, hızla diğer köşeye sıçramış ve başka bir tanesinin altından tekrar seslenmiş: "Burdayım!" Bu böylece, ta ki bekçiler yoruluncaya kadar devam etmiş, çünkü onu göremediklerinden yetişip yakalayamıyorlarmış. Parmak Çocuk talerlerin hepsini ardı ardına dışarı atmayı *başarmış ve sonuncusunun üzerine oturarak kendisi de pencereden dışarıya uçmuş. Hırsızlar onu kendilerine baş yapmışlar ve ganimetlerini aralarında paylaşmışlar. Parmak Çocuk fazla bir şey alamamış, çünkü bir talerden fazlasını bile taşıyacak gücü yokmuş.*

Daraufhin ging er in ein Wirtshaus. Die Mägde konnten ihn dort nicht leiden, da er alles sah, was sie im Haus taten, ohne dass sie ihn bemerkten, und alles dem Bauern petzte. So warfen sie ihn mit dem Gras der Kuh vor, die ihn runterschluckte. Bald darauf beschloss der Bauer, die Kuh schlachten zu lassen. Der Däumling hörte dies im Bauch der Kuh und rief laut: „Ich bin hier!" – „Wo?", fragte der Bauer und wunderte sich. „In der schwarzen!", rief der Däumling, aber der Bauer verstand nicht, was vor sich ging, und ließ die Kuh schlachten. Der Däumling hatte Glück, denn ihm wurde dabei kein Haar gekrümmt, aber als das Wurstfleisch gehackt werden sollte, in dem er sich nun befand, rief er: „Ich bin hier, hackt nicht zu tief!" Doch niemand hörte ihn und es gelang ihm, den Hieben des Hackmessers auszuweichen. So wurde er in eine Blutwurst gestopft und in den Rauch gehängt, und wie die Wurst gegessen werden sollte und aufgeschnitten wurde, sprang er heraus und lief weiter auf Wanderschaft.

Sonrasında Parmak Çocuk bir hana gitmiş, hizmetçiler ona katlanamıyorlarmış, çünkü han içerisinde neler yaptıklarını gizlice izleyip, onlara belirtmeden han sahibine gammazlıyormuş. Bu yüzden onu alıp ineğin önündeki otların arasına atmışlar. İnek de onu yemiyle birlikte yeyip yutmuş.
Hancı bu olayın üstünden çok geçmeden ineği kestirmeye karar vermiş. Parmak Çocuk ineğin karnından olup biteni duyabiliyormuş. İneğin kesileceğini anlayınca bağırmaya başlamış: "Ben burdayım!" - "Nerdesin?" - "Kapkara bir yerde!" Fakat adam neler döndüğünü anlayamamış ve ineği kestirmiş. Parmak Çocuk'un yine şansı varmış ki, saçının teline dahi zarar gelmemiş, fakat sosis yapmak için onun bulunduğu kısımdaki et kıyılmaya başlayınca yine bağırmış: "Ben buradayım, çok derin kesme!" Sesini duyuramamış, ama bir şekilde kendini bıçak darbelerinden kurtarmış. Fakat yine de bir sosisin içine girmekten kurtulamamış, içine doldurulduğu sosisi islenmesi için askıya asmışlar. Sosis yenilmek üzere kesileceği zaman dışarıya fırlayıp yolculuğuna kaldığı yerden devam etmiş.

Kurz darauf wurde er von einem Fuchs gefressen und sprach: „Herr Fuchs, ich bin hier, lasst mich frei!" – „Das tu ich, wenn du dafür sorgst, dass mir dein Vater alle Hühner im Hof gibt", antwortete der Fuchs. Das gelobte der Däumling. Der Fuchs brachte ihn zu seinen Eltern und bekam dafür die Hühner zu fressen. Der Däumling aber brachte seinen Eltern seinen erworbenen Taler von der Wanderschaft als Ges-

chenk mit. „Warum hat aber der Fuchs die armen Hühner zu fressen bekommen?"
– „Ei, du Narr, dem Vater wird ja sein Kind lieber sein als die Hühner!"

Çok geçmeden bir tilki onu bulup yemiş, ta tilkinin karnından konuşmuş: "Bay tilki, ben buradayım, beni serbest bırakın." - "Evet, ama, eğer babanın çiftliğindeki tüm tavuklarını bana vermesini sağlarsan bunu yaparım." Parmak Çocuk bunu sevinerek kabul etmiş, tilki onu anne ve babasına götürmüş ve buna karşılık tavukları yemek için almış. Küçük terzi ise çıktığı yolculuktan eline geçen taleri ailesine hediye olarak getirmiş.

„Neden tilki tüm tavukları yemek için aldı?" - „Seni aptal, tabii ki babası çocuğunu tavuklarından daha çok sever!"

*Taler: Üç Mark değerinde eski para birimi.

Brownies

3 Eier

100 g Butter

200 g Vollmilchschokolade

175 g Mehl

200 g Zucker

Den Backofen auf 180 °C bei Ober-/Unterhitze vorheizen. Eine quadratische Backform (20x20 cm) leicht einfetten. Butter schmelzen lassen. Grob gehackte Schokolade hinzufügen, glatt rühren. Vom Herd nehmen. Etwas auskühlen lassen. Eier nacheinander zugeben, dabei ständig rühren. Mehl zugeben und verrühren. In die Form gießen und im vorgeheizten Backofen ca. 35 Minuten backen. Den Kuchen gut auskühlen und fest werden lassen. In kleine Quadrate schneiden und servieren.

Babykekse

---

350 g Vollkornmehl

100 g Rohrzucker

100 g Grieß, fein

100 g Reismehl

250 g Butter (Zimmertemperatur)

1 Prise Salz

1 Ei

Den Backofen auf 170 °C bei Ober-/Unterhitze vorheizen. Ein großes Backblech leicht einfetten. In einer Rührschüssel Vollkornmehl mit Rohrzucker, Reismehl, Grieß und Salz vermischen. Ei und Butter zugeben, zu einem weichen und glatten Teig kneten. Den Teig halbieren. Eine Hälfte auf der leicht bemehlten Arbeitsplatte mit Hilfe eines Nudelholzes dünn ausrollen. Vom Teig kleine Keksstücke ausstechen. Die Stücke auf dem Backblech mit etwas Abstand nebeneinander platzieren. Mit der anderen Hälfte des Teiges dieselben Arbeitsschritte wiederholen. Die Kekse ca. 15 Minuten im vorgeheizten Backofen backen. Auf einem Gitter auskühlen lassen, dann in luftdichten Behältern aufbewahren.

Die goldene Gans /
Altın Kaz

Es war einmal ein Mann, der hatte drei Kinder, das jüngste aber galt als dumm. Der älteste Sohn sprach eines Tages: „Vater, ich will in den Wald gehen, um Holz zu schlagen." Der Vater riet ihm ab und sagte, er würde sicher mit einem verbundenen Arm heimkommen. Der Sohn ging aber doch in den Wald und begegnete einem alten Männchen, das ihn um ein Stück von den Käsetaschen bat, die er bei sich hatte. Er antwortete: „Was soll ich dir, altem Mann, wohl meine Käsetaschen geben?" Darauf ging er, Holz zu schlagen, hieb aber daneben und sich in den Arm, so dass er ihn verbinden musste.

Auch dem zweiten Sohn erging es so. Auch er begegnete dem alten Männchen, schlug ihm die Käsetaschen aus und hieb sich anschließend beim Holzschlagen ins Bein.

Bir zamanlar üç çocuğu olan bir adam varmış, çocuklarından en küçüğü aptal yerine konurmuş. Büyük olan çocuk birgün demiş ki: „Baba ben ormana gidip odun keseceğim." Babası onaylamamış, „Kesin kolunu kırıp gelirsin.", demiş. Fakat çocuk sözünü dinlemeyip yine de gitmiş. Ormanda ihtiyar bir cüce ile karşılaşmış, cüce yanında getirdiği peynirli poğaçalardan bir tane istemiş. Delikanlı ona „Senin gibi bir ihtiyara poğaçalarımdan neden vereyim?", demiş ve odun kesmeye başlamış. Bir anda balta elinden kayıp kolunu sıyırmış ve kolunu sarmak zorunda kalmış.

İkinci oğlanın başına da aynı iş gelmiş, şu farkla ki, kesilen kolu değil de bacağı olmuş.

Nun ging der dritte Sohn in den Wald. Als er auf das Männchen traf, gab er ihm von seinen Käsetaschen. Daraufhin fällte er den Baum und fand darunter eine goldene Gans. Die nahm er, ging fort und kam in ein Wirtshaus. Er mietete ein Zimmer und sperrte die Gans dort ein. Die drei Wirtstöchter aber wollten nur allzu gern heimlich eine Feder der Gans herauszupfen. Die älteste ging zuerst hin, doch kaum hatte sie die Gans berührt, blieb sie daran hängen. Nun kam die zweite und wollte auch eine Feder haben, und obschon ihr die älteste abriet, so half es nichts und auch die zweite blieb an der Gans kleben. Der dritten Wirtstochter erging es nicht anders.

Des anderen Morgens nahm der junge Mann seine Gans unter den Arm, ging fort und zog die drei Wirtstöchter hinter sich her. Unterwegs begegnete ihnen ein Krämer, der schimpfte, dass die Mädchen dem Jungen nachliefen. Er ergriff aus Versehen die dritte Tochter bei der Hand, um sie fortzuziehen, blieb aber auch hängen und musste nun mit fort. Wenig später sah sie der Müller und sagte: „Ei, lieber Herr, wohin des Weges?", und wie er den Mann berührte, blieb auch er hängen und musste mit ihnen weiterziehen.

Bu sefer üçüncü kardeş ormana gitmiş, o da öbür kardeşleri gibi cüceyle karşılaşmış, fakat o kendi poğaçalarından bir tane cüceye vermiş. Sonra ağacı kesmiş, ağacın dibinde som altından bir kaz bulmuş. Kazı alıp oradan uzaklaşmış, bir hana gitmiş. Bir oda tutup kazı oraya kapatmış. Hancının üç kızı varmış, bu kızlar gizlice kazdan bir tüy koparıp almak istiyorlarmış. Önce büyük kızkardeş odaya girmiş, ama kaza dokunduğu gibi yapışıp kalmış. İkinci kızkardeş de gidip bir tüy koparmak istemiş, ablası her ne kadar itiraz etse de onu dinlememiş, o da kaza yapışıp kalmış. Üçüncü kızkardeşin başına da aynı iş gelmiş. Ertesi sabah delikanlı kazını koltuğunun altına alıp oradan ayrılmış, hancının üç kızı da peşinden sürüklenmişler. Yolda bir bakkal karşılarına çıkmış, kızları delikanlının peşinden gittikleri için paylamış, kazara üçüncü kızın eline dokununca o da yapışıp kalmış ve onlarla gitmeye mecbur olmuş. Çok geçmeden bir değirmenci onları görmüş ve adama demiş ki: „Hey, saygıdeğer bayım, nereye bu halde?" Ve o da adama değdiği gibi yapışıp kalmış, bu şekilde hepsi peşi sıra sürüklenmeye başlamışlar.

Hierauf langten sie in einer Stadt an, in der ein König regierte, der eine so ernsthafte Tochter hatte, dass niemand sie zum Lachen bringen konnte. Aus diesem Grund hatte der König das Gesetz erlassen, wer seine Tochter zum Lachen bringen könne, der solle sie heiraten. Als nun der Jüngling davon hörte, zog er mit seiner Gans vor die Königstochter. Diese aber begann laut zu lachen, als sie den Anhang sah.

Darauf verlangte der junge Mann vom König seine Tochter zur Braut. Dieser aber wollte nicht einwilligen und sagte, er müsste ihm erst einen Mann bringen, der einen Keller voll Wein austrinken könne, sonst bekäme er die Braut nimmermehr. Traurig ging der Jüngling fort und kam in den Wald, wieder an denselben Baum. Da sah er ein Männchen sitzen, das ein betrübtes Gesicht machte. Er fragte es: „Warum bist du so traurig?" – „Ei, ich bin so durstig und kann nie genug zu trinken kriegen", erwiderte das Männchen. – „Komm mit mir", sagte der Jüngling, „ich will dich zu einem Ort führen, wo du genug zu trinken bekommst." Er nahm das Männchen mit zum König und es trank den ganzen Keller auf einmal leer.

Nun verlangte der König einen Mann, der einen ganzen Berg Brot essen könne. Der Jüngling zog erneut in den Wald und stieß dort auf ein Männchen, das klagte, dass es nie genug zu essen bekäme und nie satt werde. Der junge Mann aber sprach: „Komm mit mir, ich will dich zu einem Ort führen, wo du genug zu essen bekommst." Er nahm das Männchen mit zum König und es aß den ganzen Brotberg auf einmal.

Zuletzt verlangte der König ein Schiff, das zu Wasser und zu Land fahren könne. Auch dazu verhalf dem Jüngling das Männchen, das für seine Barmherzigkeit sehr dankbar war. Sie legten das Schiff auf riesige Bohlen und banden es darauf fest. So konnten sie es über das Land bis zum Meer ziehen. Der Jüngling aber konnte den König überzeugen und heiratete die schöne Königstochter.

Çok geçmeden bir şehre varmışlar. Bu şehri bir kral yönetiyormuş, bu kralın çok ciddi bir kızı varmış, o kadar ki kimse onu güldüremiyormuş. Bu yüzden kral bir kanun koydurmuş, kim ki kızını güldürebilirse onunla evlenecekmiş. Delikanlı bunu duyduğu gibi kazını alıp prensesin karşısına çıkmış, kız peşine takılan kalabalığı görünce kahkahalarla gülmeye başlamış.

Bunun üzerine delikanlı kralın kızına talip olmuş, ama kral işi zora koşmuş, ona önce depodaki bütün şarapları içip bitirebilecek bir adam bulup getirmesini söylemiş, yoksa kızını asla ona vermeyecekmiş. Delikanlı üzülerek oradan ayrılmış, tekrar ormana geldiğinde aynı ağacın altında oturan bir cüce görmüş, cücenin çok keyifsiz bir hali varmış. Delikanlı cüceye sormuş: "Niye bu kadar üzgünsün?" - "Ah o kadar susadım ki, ne kadar çok içsem susuzluğum geçmez." - "Benimle gel, seni yeterince içecek bulabileceğin bir yere götüreceğim." Alıp cüceyi şehre götürmüş, cüce bir bodrum dolusu içeceğin hepsini bir seferde içmiş.

Kral bu sefer ona bir dağ kadar çok ekmek yiyen bir adam bulup getirmesini istemiş. Delikanlı yine ormana gittiğinde bir ağacın altında oturan bir cüce görmüş. Meğer bu cüce de çok acıkmış, yeteri kadar yemeği olmamasından ve karnının hiç doymadığından şikayet ediyormuş. Delikanlı ona demiş ki: "Benimle gel, seni yeterince yemek bulabileceğin bir yere götüreceğim." Alıp cüceyi krala götürmüş ve cüce bir dağ kadar ekmeği tek başına yemiş.

Kral bu defa hem su üzerinde hem de karada hareket edebilen bir gemi istemiş. Bunun için de bir cüce ona merhametli bir insan olduğu için yardım etmiş. Gemiyi kalın kalasların üzerine yerleştirip sıkıca bağlamışlar. Bu şekilde denize kadar kaydırarak götürebilmeleri mümkün olmuş. Nihayet delikanlı kralı ikna edebilmeyi başarmış ve güzel prensesle evlenmiş.

Käsetaschen

---

200 g Joghurt

200 ml Olivenöl

1 Ei

ca. 500 g Mehl

1 TL Salz

100 g Schafskäse

1/2 Päckchen Backpulver

1 EL Sesam

1 EL Kümmel

Das Ei trennen und Eigelb beiseite stellen. Joghurt, Olivenöl und Eiweiß in einer Schüssel mischen. Mehl mit Backpulver und Salz zugeben, einen weichen Teig kneten. Den Backofen auf 200 °C Ober-/Unterhitze vorheizen. Vom Teig kleine Stücke nehmen und platt drücken. In die Mitte jeweils etwas geriebenen Käse geben. Die Ränder zusammendrücken. Die Taschen auf ein gefettetes Backblech legen. Eigelb über die Käsetaschen streichen und mit Kümmel und Sesam bestreuen. Im vorgeheizten Ofen ca. 15 Minuten backen, bis die Käsetaschen goldgelb sind.

Pizza Margherita

---

für ca. 15–18 Minipizzen

1/2 Würfel frische Hefe

1 EL Pflanzenöl

1 TL Salz

1 TL Zucker

200 ml Wasser

ca. 400 g Mehl

1 Dose geschälte Tomaten

200 g geriebene Goudakäse

In einer Rührschüssel Hefe mit Pflanzenöl, Salz, Zucker und Mehl mischen, dabei das Mehl nach und nach zugeben. Einen glatten und weichen Teig kneten. Ca. 30 Minuten an einem warmen Ort gehen lassen. Den Backofen auf 200 °C Ober-/Unterhitze vorheizen. Ein Backblech leicht einfetten. Vom Teig kleine Stücke abnehmen, auf der leicht bemehlten Arbeitsplatte in Untertellergröße ausrollen. Die Tomaten mit der Hand oder mit Hilfe einer Gabel zerdrücken und die Teigstücke jeweils mit 2–3 EL Tomatensoße und mit Käse belegen. Im vorgeheizten Backofen ca. 15 Minuten backen und servieren.

Prinzessin Mäusehaut /
Fare Kılıklı Prenses

Es war einmal ein König, der hatte drei Töchter. Eines Tages rief er die drei zu sich, weil er wissen wollte, welche von ihnen ihn am meisten liebte. Da sagte die älteste, sie habe ihn lieber als das ganze Königreich. Die zweite schätzte ihren Vater mehr als alle Edelsteine und Perlen auf der Welt. Die dritte aber sprach: „Ich liebe dich mehr als das Salz." Da wurde der König böse, dass sie ihre Liebe mit einer so geringfügigen Sache verglich, und übergab sie einem Diener, der sollte sie in den Wald führen und töten. Der Diener aber wollte eine so schöne Prinzessin nicht töten, und sie bat ihn, er möge ihr nur ein Kleid aus Mäusehaut verschaffen, so wolle sie sich schon retten. Das brachte ihr der Diener, und sie wickelte sich hinein und gab sich von nun an als Mann aus. So ging sie zum benachbarten König und wurde bei ihm Diener. Alle Abende musste sie ihm die Stiefel ausziehen, er aber warf sie ihr an den Kopf. Einmal fragte der König, woher sie sei. Da antwortete sie ihm: „Ich komme aus dem Land, wo man anderen nicht die Stiefel an den Kopf wirft."

Es begab sich nun, dass sie eines Tages ihren königlichen Ring, der mit smaragdgrünen Edelsteinen besetzt war, im Zimmer des Königs verlor. Als der Ring gefunden wurde, weckte dies die Aufmerksamkeit des Königs und er befahl seinen Dienern herauszufinden, woher der Ring gekommen sei. Schon bald wurde Prinzessin Mäusehaut zu ihm gebracht. Sie konnte ihre Mäusehaut nun nicht mehr tragen, legte sie ab und ihre goldenen Haare quollen hervor. Ihre große Schönheit blendete den

König, der sich sofort in sie verliebte. Er setzte ihr die Krone aufs Haupt und sie wurde seine Gemahlin. Zur Hochzeit wurde auch ihr Vater eingeladen, der seine Tochter aber nicht erkannte. Sie aber sorgte dafür, dass alle Speisen, die ihm vorgesetzt wurden, ungesalzen waren, so dass er unwillig wurde und sprach: „Lieber will ich nicht leben, als solche Speisen zu essen!" Da gab sich die Königin ihm zu erkennen und erinnerte ihn an ihre Worte. Der alte König aber wurde sehr traurig und bat seine Tochter tausendmal um Verzeihung. Was denkt Ihr darüber, liebe Kinder? Wenn Ihr mich fragt: Ich esse meine Maiskolben am liebsten mit viel Salz!

Bir zamanlar bir kral varmış. Bu kralın da üç kızı varmış. Kral hangisinin kendisini en çok sevdiğini öğrenmek için üçünü birden yanına çağırmış. Büyük kızı, onu krallığın bütününden daha fazla sevdiğini, ikincisi de onun kendi gözünde dünyanın tüm değerli taş ve incilerinden daha kıymetli olduğunu söylemiş, üçüncüsü ise şöyle demiş: „Seni tuzdan daha fazla seviyorum." Kral o an kızına kendisine olan sevgisini böyle değersiz bir şeyle kıyasladığı için çok kızmış. Uşağına kızı ormana götürüp öldürmesi için emir vermiş. Ama uşak böylesine güzel bir prensesi öldürmeye kıyamamış, kız ondan fare derisinden bir elbise getirmesini rica etmiş, bu durumdan ancak bu şekilde kurtulabilirmiş. Uşak ona fare derisini bulmuş, kız da almış üzerine sarıp erkek gibi giyinmiş. Bu şekilde komşu kralın yanında uşak olarak işe başlamış. Her akşam kralın çizmelerini çekip çıkarması için görevlendirilmiş, kral ise her seferinde çizmeyi kızın kafasına fırlatıyormuş. Kral birgün kıza nereden geldiğini sormuş. O da „Çizmelerin başkasının kafasına fırlatılmadığı yerden.", demiş.

Rivayete göre birgün kız zümrüt taşlar ile bezeli olan kraliyet yüzüğünü kralın odasında düşürmüş. Bulunan yüzük kralın dikkatini çekmiş ve yardımcılarına yüzüğün nereden geldiğini araştırmalarını emretmiş. Ve fare derili prenses kralın karşısına getirilmiş. Kız artık fare derisini daha fazla taşıyamamış, üzerinden çıkarmış, kızın altın rengi saçları etrafına saçılmış ve güzelliğinden kralın gözleri kamaşmış. O kadar güzelmiş ki, kral ona doğru adım atıp kendi tacını onun başına yerleştirmiş, kız kralın eşi olmuş. Düğüne kızın babası da davet edilmiş, ama babası onu tanıyamamış. Kız sofrada babasının önüne konulan tüm yemeklerin tuzsuz olmasını sağlamış. Öyle ki adam bu durumdan hoşnutsuz kalıp "Böyle yemek yemektense ölmeyi yeğlerim.", demiş. O anda kraliçe ona yaklaşıp kendini tanıtmış ve ona söylediği sözleri anımsatmış. Kral çok üzülmüş ve kızından binlerce kez özür dilemiş.

Ne dersiniz çocuklar, siz de tuz sever misiniz? Bana sorarsanız haşlanmış mısırı asla tuzsuz yiyemem!

Gesalzene Maiskolben

Maiskolben halbieren. In Salzwasser so lange kochen, bis die Körner weich sind. Im Kochtopf die Maiskolben ca. 1,5 Stunden bei geschlossenem Deckel leicht köcheln lassen.
Mit einem Schnellkochtopf lässt sich die Kochzeit stark verkürzen.
Wenn es nach gekochtem Mais riecht, den Herd ausschalten.

Popcorn

---

für 4–6 Personen

100 g Mais für Popcorn

6 EL Pflanzenöl (oder Butter)

6 EL Zucker

In einem großen Kochtopf bei hoher Hitze Pflanzenöl erhitzen. Popcorn-Mais und Zucker zugeben. Den Deckel schließen. Immer wieder den Topf schütteln. Wenn der Topf voll von Popcorn ist und man keine Körner mehr aufspringen hört, sofort den Topf vom Herd nehmen und das Popcorn in eine Servierschüssel geben.

Der Drache / Ejderha Masalı

Es war einmal ein Kaufmann. Eines Tages hörte er, dass ein verloren geglaubtes Handelsschiff im Hafen eingelaufen sei, und er beschloss, sogleich hinzureisen, um zu schauen, was er dort erwerben könnte. Seine zwei ältesten Töchter, die viel Wert darauf legten, ihren Reichtum zur Schau zu stellen, baten ihn, Spitzen, Bänder und Kleider für sie einzukaufen. Die jüngste Tochter aber bat um gar nichts. Der Vater forderte sie auf, auch ihren Wunsch frei heraus zu sagen. „Ich wünsche, dass Ihr gesund heimkommt", erwiderte sie, aber die anderen Schwestern spotten, dass sie sich immer durch etwas Besonderes hervortun wolle. „Nun", sprach sie, „so bitte ich Euch, mir eine Rose mitzubringen."

Bir zamanlar bir tüccar varmış. Seferden yeni dönmüş olan bu tüccarın kulağına battı sandığı gemisinin limana geri döndüğü haberi gelmiş. Bunun üzerine gidip orada neler yapabileceğini görmek amacıyla hemen yola çıkmaya karar vermiş. Gösteriş yapmayı seven iki büyük kızı danteller, kurdeleler, elbiseler ısmarlamışlar. En küçük kızı ise hiçbir şey istememiş. Babası içinden geçeni söylemesi için ısrarda bulunmuş. „Ben sizin sağ salim geri dönmenizi arzu ediyorum.", demiş, ama kızkardeşleri onun kendisini hep farklı göstermek istediğini söyleyerek alay etmişler. Bunun üzerine kız, „Sizden bana bir gül getirmenizi rica ediyorum.", demiş.

Der Kaufmann hatte lange in der Stadt zu tun und wurde in viele Handelsgeschäfte verwickelt. Um nicht das Wenige, das ihm am Schluss übrig geblieben war, vollends zu verlieren, entschloss er sich zur Rückkehr. Wenige Meilen von seinem Haus kam er abends, bei rauem Wetter, zu einem prächtigen Schloss. Es fand sich keine lebende Seele darin, wohl aber eine kostbar gedeckte Tafel. Nachdem er seinen Hunger gestillt hatte, legte er sich schlafen. Am anderen Morgen wollte er weiterreisen, und als er gerade durch einen herrlichen Rosengang ritt, fiel ihm die Bitte seiner jüngsten Tochter ein und er brach eine Rose für sie ab.

Tüccarın işleri karmaşık işlemler yüzünden uzadıkça uzamış ve sonunda elinde kalanı da kaybetmemek için geri dönmeye karar vermiş. Eve birkaç mil kala akşam olurken hava bozunca karşısına çıkan görkemli bir köşke sığınmış, içeride hiç kimse yokmuş ama, mükemmel bir şekilde donatılmış bir sofra kuruluyumuş. Açlığını giderdikten sonra, uzanıp uyumuş. Ertesi sabah yola devam etmek düşüncesindeymiş. Muhteşem güzellikteki güllü yoldan geçerken, aklına küçük kızının isteği gelmiş ve bir gül koparıp almış.

Im selben Augenblick erschien ein schrecklicher Drache und fragte: „Wer hat dir erlaubt, meine Rosen abzubrechen?" Der Kaufmann wollte sich entschuldigen und erwähnte die Bitte seiner Tochter. „Nun wohl, es gibt nur eines, das dich vom Tode retten kann", sagte der Drache. „Du musst mir eine von deinen Töchtern geben, sie muss aber binnen eines Monats hier sein und aus freiem Willen kommen."

Traurig kam der Kaufmann nach Hause. „Da hast du, worum du mich gebeten hast, aber du wirst es teuer bezahlen müssen", sprach er zu seiner jüngsten Tochter und gab ihr die Rose.

O sırada korkunç bir ejderha çıkagelmiş ve „Benim gülümü koparmak için kimden izin aldın?", diye sormuş. Adam özür dilemiş ve kızının arzusu olduğundan bahsetmiş. „Madem öyle, seni ölümden bir tek şey kurtarabilir", demiş ejderha, „bana kızlarından birini verirsin, fakat bir ay burada kalmak zorunda ve kendi rızası ile buraya gelmeli."
Adam üzülerek eve dönmüş ve küçük kızına demiş ki: "Gördün mü başımıza geleni, neden bunu benden istedin, bedelini çok ağır ödemen gerek."

Die Schöne fügte sich in ihr Unglück und ging innerhalb der gesetzten Frist zum Haus des Drachen. Der Drache stellte sich als plump und dumm, aber gutmütig heraus. Tagsüber blieb sie den ganzen Tag allein in dem schönen Palast. Der Drache zeigte sich nur beim Abendmahl, aß aber nicht mit, sondern sah der Schönen nur beim Essen und Trinken zu, wie sie ihre Tomatensuppe löffelte oder ihre Nudeln aß. Als ein ganzer Monat vergangen war, sagte der Drache zu der schönen Kaufmannstochter: „Wenn du Sehnsucht nach deiner Familie hast, kannst du sie besuchen und ein Wochenende da bleiben, aber komm danach wieder alleine zurück."

Güzel kız başına geleni kabullenmiş ve belirlenen zaman içerisinde ejderhanın evine gitmiş. Ejederha kaba saba ve aptal, ama iyi kalpli görünüyormuş. Kız bütün gün güzel köşkün içerisinde tek başına vakit geçiriyormuş. Ejderha ise sadece akşam yemeğinde ortaya çıkıyormuş, kendisi hiçbir şeye dokunmaz, sadece güzel kızı yemek yerken seyredermiş. Bir ay geçtiğinde ejderha kıza demiş ki: „Eğer aileni özlediysen, onları ziyaret edebilir ve bir hafta sonu yanlarında kalabilirsin, ama sonra tekrar tek başına geri dönmelisin."

Sie besuchte ihre Familie und blieb ein Wochenende dort. Als die Zeit kam, dass sie zurück zum Drachen gehen sollte, sagte ihr Vater: „Meine schöne Tochter, geh nicht zu diesem hässlichen Drachen. Ich bin sowieso alt, was bedeutet es schon, wenn ich jetzt sterbe. Du aber sollst glücklich leben." Die Schöne umarmte ihren Vater und weinte, aber als sie an den Drachen dachte, wollte sie doch gehen. „Lieber Vater", sprach sie, „ich gehe aus eigenem Willen. Der Drache tut mir nichts. Er ist so einsam und unglücklich, ich kann ihm nicht einfach den Rücken zukehren." So sprach sie und ging.

In Wirklichkeit aber war der Drache ein verwunschener Prinz. Als die Schöne zu ihm zurückkam und ihm ihre Liebe erklärte, wurde er in einen schönen jungen Mann verwandelt. Sie luden den Vater und die Geschwister der Schönen ein und feierten eine prächtige Hochzeit. Und wenn sie nicht gestorben sind, so leben sie noch heute glücklich zusammen.

Güzel kız ailesini ziyarete gidip haftasonunu da orada geçirmiş. Ejderhanın yanına dönme vakti geldiğinde babası ona demiş ki: „Güzel kızım, o çirkin ejderhanın yanına dönmek zorunda değilsin. Ben zaten yaşlıyım, artık yaşamasam bundan ne çıkar? Ama sen mutlu olmalısın." Güzel kız babasına sarılıp ağlamış, fakat ejderhayı düşünününce yine de gitmek istemiş. „Sevgili babacığım, ben kendi arzumla gidiyorum. Ejderhanın bana hiç zararı yok. O kadar yalnız ve mutsuz ki, ona böyle sırtımı dönemem.", demiş ve geri dönmüş.

Gerçekte ejderha büyülenmiş bir prensmiş. Güzel kız ona geri döndüğünde ve onu sevdiğini söylediğinde, bir anda yakışıklı bir yabancıya dönüşmüş. Güzel kızın babası ve kızkardeşlerini davet ederek muhteşem bir düğünle dünya evine girmişler. Eğer hala hayattalarsa, o gün bugündür mutlu bir şekilde birlikte yaşamaya devam ediyorlar.

Tomatensuppe

---

für 6 Personen

1 l Tomatensaft, aus der Packung

2 EL Butter

2 EL Mehl

200 ml Milch

Zwieback

In einem mittelgroßen Kochtopf bei mittlerer Hitze Butter schmelzen lassen, Mehl darin 1 Minute anschwitzen. Tomatensaft und Milch unter Rühren zugeben. Zum Kochen bringen und bei reduzierter Hitze ca. 4–5 Minuten köcheln lassen. Vor dem Servieren mit geriebenem Goudakäse und Zwiebackstückchen bestreuen und servieren.

Dornröschen / Uyuyan Güzel

Es waren einmal ein König und eine Königin, die bekamen lange Zeit keine Kinder. Eines Tages war die Königin beim Baden am See, da kroch ein Krebs aus dem Wasser an Land und sprach: „Du wirst bald eine Tochter bekommen!" Und so geschah es auch. In seiner Freude gab der König ein großes Fest. Im Lande waren dreizehn Feen, er hatte aber nur zwölf goldene Teller, und so konnte der König die dreizehnte Fee nicht einladen. Die zwölf anwesenden Feen wünschten dem neugeborenen Kind viele Tugenden und Schönheit. Wie nun das Fest zu Ende ging, so kam auch die dreizehnte Fee herbei und sprach: „Ihr habt mich nicht zu euch gebeten. Nun verkündige ich euch: Eure Tochter wird sich in ihrem fünfzehnten Lebensjahr an einer Spindel in den Finger stechen und daran sterben." Die anderen Feen wollten diesen Fluch so gut es ging mildern und sprachen: „So es denn geschehe, soll die Königstochter nur in einen hundertjährigen Schlaf fallen."

Bir zamanlar bir kral ve kraliçe varmış, bunların uzun zaman çocukları olmamış. Birgün kraliçe göl kenarına gittiğinde suyun içinden bir yengeç kıyıya çıkıp ona demiş ki: "Yakında bir kız çocuğu dünyaya getireceksin." Ve böyle de olmuş. Kral sevincinden büyük bir şölen tertiplemiş. Ülkede 13 tane peri varmış, ama kralın sadece 12 adet altın tabağı olduğu için, yalnızca oniki periyi davet edebilmiş. Perilerin herbiri bebeğe tüm yetenek ve güzellikleri hediye etmişler. Şölen bitmek üzere iken, onüçüncü peri gelmiş ve demiş ki: "Siz beni davet etmediniz, size söylüyorum, kızınız onbeşine girince nakış işlerken eline iğne batacak ve bu yüzden ölecek." Diğer periler ise bu kötü kehaneti bozmak için ellerinden geleni yapmışlar ve demişler ki: "Ölmesin, ama yüzyıllık bir uykuya dalsın."

Der König ließ den Befehl ausgeben, dass alle Spindeln im ganzen Reich verbrannt werden sollten. Als die Königstochter nun fünfzehn Jahre alt war und die Eltern eines Tages ausgegangen waren, ging sie im Schloss herum und gelangte an einen alten Turm. Im Turm führte eine enge Treppe nach oben, und da kam sie zu einer kleinen Tür, in der ein goldener Schlüssel steckte. Die Königstochter drehte ihn um und gelangte in ein Stübchen, in dem eine alte Frau ihren Flachs spann. Die Königstocher scherzte ein wenig mit der Frau und bat sie, auch einmal spinnen zu dürfen. Da stach sie sich mit der Spindel in den Finger und fiel alsbald in einen tiefen Schlaf. Da in diesem Augenblick auch der König und sein Hofstaat zurückgekehrt waren, schliefen alle im Schloss sofort ein, selbst die Fliegen an den Wänden. Sogar das Feuer in der Küche ging von alleine aus, und auch die Köchin fiel in den Schlaf. Und um das ganze Schloss zog sich eine Dornenhecke, dass man nichts mehr davon sah.

Kral bunun üzerine ülkedeki bütün çehrelerin yakılmasını emretmiş. Zaman geçmiş, prenses onbeşine girmiş, birgün anne ve babası gezmeye çıktıklarında sarayın etrafında dolaşmaya başlamış ve sonunda bir kulenin bulunduğu yere gelmiş. Merak edip bakınca kulenin içinde yukarı doğru yükselen daracık bir merdiven olduğunu görmüş, yukarıya çıkmış. Üzerinde bir anahtar bulunan küçük bir kapı varmış. Anahtarı çevirdiğinde kapı açılmış, küçük odanın içinde bir yaşlı kadın patiskasını çehreye geçiriyormuş. Kız yaşlı kadınla biraz sohbet ettikten sonra nakış işlemek için izin istemiş. Aniden eline iğne eline batmış ve bir anda derin bir uykuya dalmış. O anda kral ve yanındakiler de saraya henüz dönmüşler, bir anda öylece saraydaki her şey, duvarlardaki sineğe kadar uykuya dalmış. Hatta mutfakta aşçının yemek yapmak için yaktığı ateş de sönmüş ve aşçı da uykuya dalmış. Bütün sarayın etrafı içerisi dışarıdan görünmeyecek şekilde sarmaşıklarla kaplanmış.

Nach langer, langer Zeit kam ein Königssohn in das Land. Ein alter Mann erzählte ihm die Geschichte, die er von seinem Großvater erzählt bekommen hatte, und dass schon viele versucht hätten, durch die Dornen zu gehen, aber alle hängen geblieben waren. Als sich aber dieser Prinz der Dornenhecke näherte, so taten sich alle Dornen vor ihm auf und schienen Blumen zu werden, hinter ihm aber schlossen sie sich wieder zu einer dichten Dornenhecke. Wie der Prinz nun in das Schloss kam, sah er sich mit neugierigen Augen um und fand das ganze Schloss in einem tiefen Schlaf. Im Garten entdeckte er den Weg zum Turm und stieg die Treppe hinauf. Die Tür der kleinen Stube stand offen. Dort lag die Prinzessin, und sie war auch im tiefen Schlaf so schön, dass der Prinz sich nicht zurückhalten konnte und sie küsste. Auf einmal aber wurde der Zauber gelöst und das ganze Schloss erwachte. Alle Hofleute waren auf einmal wieder wach und lebendig, unterhielten sich, als sei nichts passiert, und lachten. Sogar das Feuer in der Küche brannte von ganz alleine, und darauf kochte der Milchreis weiter, als habe man ihn eben erst aufgesetzt.

Die zwei jungen Leute heirateten und wurden sehr glücklich. Und wenn sie nicht gestorben sind, so leben sie noch heute.

Aradan çok uzun bir zaman geçtikten sonra bir prens bu ülkeye gelmiş. Yaşlı bir adam ona kendi büyükbabasından duyduğu bu hikayeyi anlatmış, adamın anlattığına göre bir çok kişi sarmaşıkları geçip saraya girmeyi denemiş, fakat başaramamışlar, hepsi de sarmaşıklara asılıp kalmışlar. Oysa ki bu prens sarmaşıklara yaklaştığında, bütün dallar ona yol vermek ister gibi kendiliğinden açılmışlar, önünde çiçekler görünüyor, geride kalanlar yine sarmaşık haline geliyormuş. İçeri girdiğinde bütün çiçekler yine sarmaşığa dönüşüp çıkışı kapatmışlar. Prens merakla etrafa bakıyormuş, her yerde herkes derin bir uykudaymış. Sarayın bahçesinde kuleye giden yolu bulmuş ve merdivenlerden çıkmış. Küçük odanın kapısı öylece açık duruyormuş. Prenses uykuda iken bile o kadar güzelmiş ki prens dayanamayıp onu öpmüş. Ve bir anda büyü bozulup herşey canlanmış.Bütün sarmaşıklar kendiliğinden yokolmuş. Bütün saray halkı bir anda uyanıp canlanmış, sohbet etmeye ve hiçbir şey olmamış gibi gülmeye başlamışlar. Hatta mutfaktaki ateş bile kendiliğinden alev almış, üzerindeki sütlaç sanki ocağa yeni konmuş gibi kaynamaya devam etmiş.

İki genç evlenmişler ve çok mutlu olmuşlar, eğer hala hayatta iseler, yaşamaya devam ediyorlar.

Wurstbörek

---

für 24 Stück

für den Teig

500 g Mehl

1/2 Würfel frische Hefe

1 TL Salz

1 TL Zucker

1 EL Olivenöl

1 Eigelb zum Bestreichen

für die Füllung

6 Stück Putenwurst

100 g geriebener Goudakäse

Zuerst jede Wurst dritteln. In einer Rührschüssel Mehl mit Salz und Zucker vermischen. In der Mitte des Teiges die Hefe zerdrücken und etwas lauwarmes Wasser hinzugeben, damit die Hefe sich auflöst. Alles zu einem weichen und glatten Teig kneten. Den Teig mit Frischhaltefolie umwickeln und mit einem Handtuch bedecken. Den Teig gehen lassen, bis er doppelte Größe angenommen hat.

Den Ofen auf 200 °C bei Ober-/Unterhitze vorheizen. 2 Backbleche mit Backpapier auslegen. Vom Teig kleine Stücke abnehmen, Kugeln formen und auf der Arbeitsplatte plattdrücken. In die Mitte ein Stück Wurst mit etwas Käse geben und die Wurst in den Teig rollen. Auf das Backblech legen. Die Böreks mit Eigelb bestreichen und im vorgeheizten Backofen ca. 15 Minuten goldgelb backen.

Milchreis mit Apfelmus

für 6 Personen

1 l Milch

250 g Milchreis (Bruchreis)

200 g Zucker

Milchreis abwaschen, abtropfen lassen und in einen kleinen Topf geben, mit Wasser bedecken. Bei mittlerer Hitze zum Kochen bringen, Hitze reduzieren und 5–6 Minuten köcheln lassen, bis der Reis weich ist und das ganze Wasser aufgenommen hat. In einem großen Topf Milch zum Kochen bringen. Gekochten Reis hinzufügen, zusammen ca. 10 Minuten bei mittlerer Hitze köcheln lassen. Dabei ab und zu umrühren. Zucker zugeben, Hitze verringern, weitere 5–6 Minuten köcheln lassen, bis der Milchreis dick wird. Dann in die Servierschalen verteilen und lauwarm oder gekühlt servieren.

für das Apfelmus

1 kg Äpfel

100 g Zucker

Äpfel schälen, vierteln, entkernen, grob schneiden. In einen Kochtopf geben, mit Zucker bestreuen und 100 ml Wasser zugießen. Bei mittlerer Hitze erhitzen und 5–6 Minuten köcheln lassen, bis die Äpfel zerfallen. Vom Herd nehmen und mit dem Stabmixer pürieren. In Weckgläser füllen, verschließen und bei Zimmertemperatur aufbewahren.

Die Wassernixe / Deniz Kızı

Ein Bruder und eine Schwester fielen ins Wasser und wurden von einer Nixe gefangen. Diese behandelte sie sehr schlecht und erlegte ihnen schwere Dienste auf. Sie hieß das Schwesterchen, Wasser in ein bodenloses Fass zu schütten, und den Knaben, einen Baum mit einer stumpfen Axt zu schlagen. Darüber wurden die Kinder schließlich so ungeduldig, dass sie flohen. Die Nixe setzte ihnen nach, und als die Kinder sie erblickten, warf das Mädchen eine Bürste hinter sich. Plötzlich wuchs ein großer stacheliger Bürstenberg in die Höhe, und die Nixe hatte viel Mühe, ihn zu erklimmen, aber dann schaffte sie es doch hinüber. Da warf der Knabe einen Kamm hinter sich, und es wuchs ein großer Berg aus Kämmen mit vielen Zinken zwischen ihnen und ihrer Verfolgerin. Zuletzt gelang es der Nixe jedoch, auch ihn zu überwinden. Sie streckte ihre Hände nach den Kindern aus, um nach ihnen zu greifen, doch nun warf das Mädchen einen Spiegel hinter sich. Es entstand ein großer Spiegelberg, der so glatt war, dass die Nixe nicht hinüberklettern konnte und abrutschte. Ihr blieb nichts übrig, als zurück ins Wasser zu gehen. Die Kinder aber gelangten endlich wieder nach Hause. Die Mutter war sehr glücklich, als sie ihre Kinder wieder bei sich hatte. Sie kochte für sie Zitroneneistee und backte dazu Nusskekse. Die Kinder hatten so dolle Hunger gehabt, dass sie alles auf einmal aßen.

Biri kız diğeri erkek iki kardeş suya düşmüşler ve deniz kızının ağına takılmışlar. Deniz kızı onlara çok kötü davranıyormuş ve ağır işlerde çalıştırıyormuş. Kız suyu koca bir fıçıya doldurmak zorundaymış, delikanlının görevi ise bir ağacı koca bir balta ile kesmekmiş. Sonunda çocuklar bu duruma daha fazla dayanamamışlar ve kaçmışlar. Deniz kızı peşlerinden gitmiş. Çocukları gördüğünde küçük kız üzerine bir fırça fırlatmış. Çocuklar geriye dönüp bakınca aralarında dikenli bir dağın yükselmekte olduğunu görmüşler. Deniz kızı dağı güçlükle tırmanmış, ama yine de üzerine çıkabilmeyi başarmış. O zaman delikanlı geriye doğru bir tarak atmış, takipçileri ile aralarında o tarağın tellerinden kocaman bir dağ oluşmuş. Deniz kızı bu dağı aşmayı da başarmış. Tam çocuklara elini uzatmış yakalamak üzere iken, kız elindeki aynayı geriye doğru fırlatmış. Orada kocaman bir ayna dağı oluşmuş. Ayna dağı dümdüz olduğu için deniz kızı üzerine tırmanamayıp kaymış. Sonunda suya geri dönmekten başka çaresi kalmamış. Çocuklar nihayet evlerine gidebilmişler. Anneleri çocuklarına yeniden kavuştuğu için çok mutlu olmuş. Onlara limonlu çay hazırlamış ve fındıklı kurabiyelerden pişirmiş. Çocuklar o kadar acıkmışlar ki, hepsini bir seferde yeyip içmişler.

Zitroneneistee

Der sehr gesunde Durstlöscher!

1 l gekochtes Wasser

1 EL losen oder 3 Beutel Rooibostee

3 EL Rohzucker

Saft von 1 Zitrone

Rooibostee in kochendem Wasser ca. 10 Minuten ziehen lassen.
Zitronensaft und Zucker unterrühren. Lauwarm oder gekühlt servieren.

Schoko-Nussplätzchen

für ca. 20 Plätzchen

200 g Mehl

100 g Vollmilchschokolade

150 g weiche Butter

2 Eier (Größe M)

150 g Zucker

1 TL Backpulver

1 Päckchen Vanillezucker

100 g gemahlene Haselnüsse

Den Ofen auf 190 °C bei Ober-/Unterhitze vorheizen. Ein Backblech mit Backpapier auslegen. Die Vollmilchschokolade feinhacken. Mehl mit Zucker, Backpulver und Vanillezucker mischen. Butterflocken und Eier zugeben und verrühren. Die Schokolade und die gemahlenen Haselnüsse hinzufügen und den Teig kneten. Vom Teig kleine Stücke abnehmen, formen und auf dem Backblech mit etwas Abstand zueinander platzieren. Im vorgeheizten Backofen ca. 10–12 Minuten backen. Die Plätzchen auf dem Backblech auskühlen lassen.

König Drosselbart /
Kral Kabasakal

Ein König hatte eine wunderschöne Tochter, die aber so übermütig war, dass sie all ihre Freier immer wieder verspottete. Um dem ein Ende zu machen, ließ der König eines Tages ein großes Fest ausrichten und lud dazu alle heiratsfähigen Männer des Landes ein. Sodann ließ er sie sich in einer Reihe aufstellen, jeder nach seinem Rang, zuerst die Könige, dann die Fürsten, Grafen und Barone und zuletzt die Edelleute. Als nun die Königstochter durch die Reihen geführt wurde, so hatte sie an jedem etwas auszusetzen. Besonders aber machte sie sich über das krumme Kinn des Königs lustig, der ganz vorne stand und König Drosselbart hieß. Das nahm er übel auf und auch der König war sehr erzürnt über seine Tochter, da sie keinen Freier erwählt hatte. Er schwor, sie sollte nun den ersten Bettler nehmen, der vor die Tür käme.

Bir zamanlar bir kralın çok güzel bir kızı varmış. Bu kız ama o kadar kibirli imiş ki, talipleriyle hep alay eder, onları küçümsermiş. Kral günlerden birgün bu duruma son vermek için büyük bir şölen düzenlemiş ve bu şölene ülkedeki evlenme çağında olan tüm erkekleri davet etmiş. Hepsini başta krallar, sonra kontlar, dükler ve baronlar, en arkaya da soylu ailelere mensup olanlar olmak üzere asalet derecelerine göre sıraya dizdirmiş. Kralın kızı bu sıra önünden geçirilirken her birine bir laf etmiş. En çok da sıranın başında bulunan, adı da Kral Kabasakal olan bir kralın kıvrık çenesi ile alay etmiş. Bu durum Kral Kabasakal'ın çok ağırına gitmiş, kral da kendine bir eş seçmediği için kızına çok kızmış ve onu kapısına ilk gelen dilenciye vereceğine dair yemin etmiş.

Eines Tages hörte sie unter ihrem Fenster einen Spielmann singen. Gleich danach rief der König ihn herein. Er trat mit seinen schmutzigen Sachen in den Saal und wartete auf eine Spende. Der König sagte: „Dein Klang ist so schön, daher erlaube ich dir, dich mit meiner Tochter zu vermählen." Ohne seine Tochter zu fragen, ließ er sofort die Trauung stattfinden. Dann sagte er zu seiner Tochter: „Denkst du, dass du mit deinem Mann noch in meinem Schloss wohnen kannst? Ihr sollt fortziehen."

Kız birgün penceresinin önünde bir çalgıcının şarkı söylediğini duymuş. Az sonra kral çalgıcıyı içeri çağırtmış. Çalgıcı kirli kıyafetleriyle sarayın salonuna gelmiş ve bir bağış vermelerini beklemiş. Kral ona „Sesin o kadar güzel ki, kızımla evlenmene izin veriyorum.", demiş ve kızına hiç sormadan hemen oracıkta nikahlarını kıydırmış. Sonra da kızına şöyle demiş: „Hala kocanla benim sarayımda yaşayabileceğini mi sanıyorsun? Gidip kendinize kalacak başka bir yer bulun."

Also musste sie unwillig mit ihrem Mann fortgehen. Als sie durch den Wald gingen, fragte sie den Spielmann: „Ach, wem gehört wohl dieser schöne Wald?" – „Der gehört dem König Drosselbart, hättest du ihn genommen, so wär er dein." – „Ach, ich arme Jungfer zart, hätt ich doch genommen den König Drosselbart!"

Sie gingen über eine Wiese. Die Königstochter fragte den Spielmann wieder: „Ach, wem gehört wohl diese schöne Wiese?" – „Die gehört dem König Drosselbart, hättest du ihn genommen, so wär sie dein." – „Ach, ich arme Jungfer zart, hätt ich doch genommen den König Drosselbart!"

Sie gelangten in eine schöne Stadt. Erneut fragte die Königstochter: „Ach, wem gehört wohl diese schöne Stadt?" – „Die gehört auch dem König Drosselbart, hättest du ihn genommen, so wär sie dein." – „Ach, ich arme Jungfer zart, hätt ich doch genommen den König Drosselbart!"

Sözün kısası, kız istemeyerek de olsa kocasıyla gitmek zorunda kalmış. Yolları bir orman içerisinden geçtiği vakit genç kız çalgıcıya sormuş: „Ah, bu güzel orman da kimin?" - „Burası Kral Kabasakal'ın, onu alsaydın, burası senin olurdu." - „Ah, ben ne şanssız kızım, keşke Kral Kabasakal'ı alsaydım!"

Yol üstünde bir çayırlıktan ilerlerken, kız yine çalgıcıya sormuş: "Bu güzel çayırlık da kimin?" - "Burası Kral Kabasakal'ın, onu alsaydın, burası senin olurdu." "Ah, ben ne şanssız kızım, keşke Kral Kabasakal'ı alsaydım."

Bir şehre vardıklarında kız yine çalgıcıya sormuş: "Ah, bu güzel şehir de kimin?" - "Burası da Kral Kabasakal'ın, onu alsaydın, burası senin olurdu." - "Ah, ben ne şanssız kızım, keşke Kral Kabasakal'ı alsaydım."

Der Spielmann wurde nun ganz mürrisch, da sie sich immer einen anderen Mann wünschte. Endlich kamen sie an ein kleines Haus. Gott, was mochte das bloß für eine Unterkunft sein? Sie war so klein und vernachlässigt. Der Spielmann sagte: „Das Haus ist unser Haus, in dem wir wohnen. Mach nur gleich Feuer an und ein Essen zurecht, denn ich bin müde." Die Königstochter verstand aber nicht zu kochen und der Mann musste ihr helfen. Sie brieten zusammen Bouletten, und dazu gab es im Ofen gebackene Pommes. Wie sie genüsslich gegessen hatten, legten sie sich ins Bett schlafen. Des anderen Morgens musste sie früh aufstehen und sich um den Haushalt kümmern. Sie verrichtete ihre Arbeit mehr schlecht als recht und der Spielmann schimpfte viel mit ihr. So ging es ein paar Tage, bis der Mann sagte: „Frau, so geht es nicht länger, dass wir hier zehren und nichts verdienen. Ich will mit Töpfen handeln und du sollst auf den Markt gehen, um sie zu verkaufen." Die Königstochter war besorgt und dachte bei sich: „Wie wird es sein, wenn meine alten Freunde und Bekannten aus dem Schloss meines Vaters mich auf dem Markt sehen und erkennen? Sie werden über mich lachen." Sie traute sich aber nicht, mit ihrem Mann darüber zu sprechen.

Kızın hep başka bir erkeğin sözünü etmesi çalgıcıyı kırmış. Nihayet küçük bir eve gelmişler. Allahım, nasıl bir evmiş bu. O kadar küçük ve bakımsızmış ki. Çalgıcı demiş ki: „Burası içerisinde yaşayacağımız evimiz. Hemen ateş yak ve yemeği hazırla, çünkü çok yoruldum." Prenses oysa yemek yapmayı hiç bilmezmiş, adam ona yardım etmek zorunda kalmış. Birlikte köfte kızartmışlar, yanına da fırınlanmış patates pişirmişler. Yemeklerini keyifle yedikten sonra yataklarına girip yatmışlar. Ertesi gün kızın erkenden kalkıp ev işleriyle uğraşması gerekliymiş. Ev işlerini doğru dürüst beceremediği için çalgıcı arada ona hep kızıyormuş. Böyle birkaç gün geçmiş, ta ki adam ona diyene kadar: „Kadın, bu böyle hiç kazanç olmadan hep tüketerek sürüp gitmez, ben kapkacak işine gireceğim, sen de pazara gider satış yaparsın." Kız önce endişelenmiş, aklından şunlar geçmiş: ‚Ya babamın sarayından eski arkadaşlarım ve tanıdıklarım beni pazarda görüp tanırlarsa, sonra hepsi benimle alay ederler.' Ama kocasıyla bu konuda konuşmaya cesaret edememiş.

Nun ging es zum ersten Mal auf den Markt. Alles ging gut und die Leute kauften der schönen Frau gern die Töpfe ab und bezahlten, was sie forderte – ja viele bezahlten gar und ließen ihr die Töpfe noch dazu. Als nun alles verkauft war, kaufte der Mann neue Ware ein. Die Königstochter mietete wieder einen Stand am Markt und machte ihre Ware ordentlich zurecht. Wie sie so da saß, ritt ein betrunkener Husar über den Markt und in die Töpfe hinein und zertrat alles. Aus Furcht vor ihrem Mann weinte sie, doch als sie endlich heimging, war der Mann nicht zu Hause und kam auch nicht wieder.

Eines Tages kamen plötzlich ihr Vater und der Hofstaat vor das Haus gefahren, um sie zu besuchen. Sie begannen, sie nach ihrem ehemaligen Stand königlich herzurichten. Währenddessen kam König Drosselbart herbeigeritten. Die Königstochter war ganz erschrocken, als sie ihn sah, denn er war ihrem Mann, dem Spielmann, sehr ähnlich. König Drosselbart aber sprach: „Ich und der Husar und der Spielmann sind eins. Ich bitte dich um Verzeihung. Ich bin hart mit dir umgegangen, zur Strafe, dass du mich einst verspottet hast." Sie wurde auf einmal sehr froh, aber auch traurig, und sagte: „Ich bitte um Verzeihung, es war unrecht von mir. Ich bin nicht gut genug für dich." König Drosselbart aber umarmte und küsste sie statt einer Antwort. Darauf zogen sie in sein Königreich und lebten dort ihr ganzes Leben glücklich zusammen.

İlk seferinde herşey yolunda gitmiş. İnsanlar bu güzel bayandan memnuniyetle alışveriş ediyorlarmış, kimisi de parasını ödeyip kapkacağını almadan gidiyormuş. Hepsi tükendiğinde adam yeni mallar satın almış. Kız tekrar pazardan yer kiralamış, eşyalarını güzelce dizmiş. Tezgahın arkasına geçtiği gibi sarhoş bir süvari gelip atını kapkacakların olduğu yere sürüp herşeyi kırıp dökmüş. Kız kocasının korkusundan çok ağlamış. Nihayet eve gittiğinde kocası evde değilmiş, bir daha da geri dönmemiş.

Sonra birgün birdenbire babası sarayındaki yardımcıları ile birlikte onu ziyaret etmek için arabalarıyla kapısına kadar gelmişler. Yardımcıları onu eski günlerindeki gibi yıkayıp paklayıp güzel elbiseler giydirmişler. O sırada Kral Kabasakal atını sürüp gelmiş. Kız onu görünce çok şaşırmış, çünkü çalgıcı kocasına çok benziyormuş. Kral Kabasakal demiş ki: "Ben, süvari ve çalgıcı aynı kişiyiz, beni affet, sana çok kaba davrandım, hepsi zamanında benimle alay etmen yüzünden seni cezalandırmak içindi." Kız bir anda çok sevinmiş ama çok da üzülmüş ve demiş ki: "Sen beni affet, seni çok kırdım, ben sana layık değilim." Kral Kabasakal ise cevap vermek yerine ona sarılıp öpmüş. Sonra kendi krallığına yerleşmişler ve tüm hayatları boyunca çok mutlu yaşamışlar.

Hähnchennuggets

---

400 g Hähnchenbrustfleisch

2 EL Mehl

2 EL Olivenöl

Salz, Pfeffer

2 Eier

100 g Mehl

100 g Paniermehl

200 ml Öl zum Braten

Hähnchenfleisch in kleine Würfel schneiden. In der Küchenmaschine mit 2 EL Mehl, Olivenöl, Salz und ein wenig Pfeffer kurz pürieren. Von der Masse kleine Nuggets formen. In drei Schalen nebeneinander leicht verquirlte Eier, Mehl und Paniermehl geben. Öl erhitzen.
Die Nuggets zuerst in Mehl, dann in den Eiern und zuletzt im Paniermehl wenden und beidseitig goldgelb braten.
Auf dem Küchenpapier entfetten und servieren.

Fischbouletten

2 Scheiben Lachs (ca. 400 g)

ca. 800 g Kartoffeln

Salz, Pfeffer

ggf. eine Handvoll Spinatblätter, gewaschen und geschnitten

1 Ei

ca. 200 g Maismehl

200 ml Öl zum Braten

Kartoffeln schälen, säubern, grob schneiden. Mit dem Lachs und ggf. den Spinatblättern in einen Topf geben, mit Wasser bedecken, salzen und pfeffern. Bei mittlerer Hitze zum Kochen bringen, dann die Hitze reduzieren und köcheln lassen, bis die Kartoffeln weich werden (ca. 25 Minuten). Mit dem Pürierstab pürieren, Ei hinzufügen und verkneten. Vom Kartoffelteig kleine Stücke abnehmen und zu Bouletten formen. In Maisöl wenden und in heißem Öl beidseitig goldbraun braten. Auf einem mit Küchenpapier bedeckten Teller entfetten und servieren.

Backofenpommes

---

für ca. 4–5 Personen

1 kg Kartoffeln

2 EL Olivenöl

1 TL Salz

1 TL gemahlener Ingwer

1 TL getrockneter Oregano

1 TL Rosenpaprika, edelsüß

Den Ofen auf 200 °C bei Ober-/Unterhitze vorheizen. Ein Backblech mit Backpapier auslegen. Kartoffeln schälen, in Spalten schneiden. In einer Schüssel mit den anderen Zutaten vermischen. Die Kartoffelspalten auf dem Backblech verteilen. Im vorgeheizten Backofen ca. 25 Minuten leicht goldgelb backen, bis die Kartoffeln weich genug sind, dann servieren.

Bouletten

---

400 g Rinderhackfleisch

1 Ei

100 g Paniermehl

2 EL Milch

1 Zwiebel

Salz, Pfeffer

1 TL Kreuzkümmel

1 TL fein gehackte Petersilie

200 ml Öl zum Braten

Zwiebel fein raspeln. Alle Zutaten vermischen, einen glatten Boulettenteig kneten. Kleine Bouletten formen. Öl erhitzen. Die Bouletten darin beidseitig goldgelb braten. Auf einem mit Küchenpapier bedeckten Teller entfetten und servieren.

Froschkönig /
Kurbağa Prens

Es war einmal ein König, der hatte drei schöne Töchter. Eines Tages ging die jüngste Tochter des Königs im Sommer bei hoher Hitze hinaus in den Wald, um sich dort an einen kühlen Brunnen zu setzen. Sie nahm eine goldene Kugel und spielte damit, als diese plötzlich in den Brunnen fiel. Die Königstochter stand am Brunnen, war sehr traurig und begann zu weinen. Auf einmal streckte ein Frosch seinen Kopf aus dem Wasser und sprach: „Warum klagst du so?" – „Ach! Du garstiger Frosch, du kannst zwar sprechen", antwortete sie, „aber du kannst mir doch nicht helfen. Meine goldene Kugel ist mir in den Brunnen gefallen." Da sagte der Frosch: „Wenn du mich mit nach Hause nimmst, so will ich dir deine goldene Kugel zurückholen." Sie fragte: „Was willst du von mir, lieber Frosch? Meine Perlen und Edelsteine oder meine goldene Krone?" Er aber antwortete: „Ich will einfach bei dir sein und mit dir leben." Die Königstochter dachte bei sich: „ Was spricht er da, dieser merkwürdige Frosch?", versprach ihm aber trotzdem, was er von ihr verlangte. Dann tauchte er unter, kam bald mit der Kugel im Maul wieder hoch und warf sie an Land. Da nahm die Königstochter eilig ihre goldene Kugel und lief fort. Sie hörte nicht auf den Frosch, der ihr nachrief, sie solle ihn mitnehmen, wie sie ihm versprochen hatte.

Bir zamanlar bir kralın üç güzel kızı varmış. Kızların en küçüğü sıcak bir yaz gününde ormanın içerisindeki su kuyusunun başına serinlemek için gitmiş, orada oturmuş. En sevdiği oyuncağı olan altın topunu eline alıp oynamaya başlamış, top birden elinden kayıp kuyuya düşmüş. Kuyunun başında dikilmiş ve üzüntüden ağlamaya başlamış. Birden bir kurbağa kafasını sudan çıkarıp konuşmaya başlamış: „Niye bu kadar çok ağlıyorsun?" - „Ah! Seni çirkin kurbağa, sen konuşabiliyor musun?", diye cevap vermiş kız, „sen bana yardım edemezsin, altın topum kuyunun içerisine düştü." Bunun üzerine kurbağa demiş ki: „Eğer beni kendi evine götürürsen, o zaman altın topunu sana getiririm." Kız sormuş: „Sevgili kurbağa, benden ne istiyorsun, inci ve mücevherlerimi mi, yoksa başımdaki altın tacımı mı?" Kurbağa demiş ki: „Ben sadece hep senin yanında olmak ve seninle yaşamak istiyorum." Kız ‚Bu garip kurbağa neler söylüyor böyle?' diye içinden geçirmiş ama ona istediği sözü vermiş. O zaman kurbağa suyun dibine dalmış, az sonra topu ağzına alıp çıkarmış ve yere atmış. Prenses telaşla altın topunu alıp oradan uzaklaşmış, arkasından seslenen ve ‚Söz verdiğin gibi beni de yanına al', diye bağıran kurbağayı hiç dinlememiş.

Als sie nach Hause kam, setzte sie sich an die Tafel zu ihrem Vater. Auf der königlichen Tafel stand Lachs mit Kartoffelpüree, und dazu gab es himmlischen Schokoladenpudding. Als sie gerade essen wollte, klopfte es an die Tür. Jemand rief: „Königstochter, jüngste, mach mir auf!" Sie eilte hin und sah, dass es der hässliche Frosch war. Eilig warf sie die Tür wieder zu. Ihr Vater aber fragte, wer da sei, und sie erzählte ihm alles. Da rief es wieder von draußen: „Königstochter, jüngste, mach mir auf! Weißt du nicht mehr, was du zu mir gesagt hast, am kühlen Brunnenwasser? Königstochter, jüngste, mach mir auf!"

Eve döndüğünde babasının yanında sofraya oturmuş. Krallara layık sofralarında somon balığı ile patates püresi, tatlı olarak da çikolatalı puding varmış. Yemeğe başlarken kapı çalınmış ve bir ses duyulmuş: „Küçük prenses, bana kapıyı aç!" Kız aceleyle gidip kimin geldiğine bakmış, çirkin kurbağayı orada gördüğü gibi yine telaşla kapıyı üstüne kapatmış. Babası kimin geldiğini sormuş, o da herşeyi anlatmış. Tekrar ses duyulmuş:
„Küçük prenses, bana kapıyı aç, dün ne oldu hatırlamıyor musun? Bana ne söylemiştin serin kuyunun başında, küçük prenses bana kapıyı aç!"

Der König sagte: „Versprochen ist versprochen, meine Tochter. Du sollst dein Versprechen halten. Geh jetzt und mach die Tür auf." Sie ging unwillig hin und machte die Tür auf. Der Frosch hüpfte herein und sprach: „Setz mich zu dir an den Tisch, ich will mit dir essen!" Sie wollte es aber nicht tun, bis es der König selbst befahl. So saß der Frosch an der Seite der Königstochter und aß mit. Und als er satt war, sprach er zu ihr: „Bring mich in dein Bettlein, ich will bei dir schlafen." Das wollte sie aber nicht, denn sie fürchtete sich sehr vor dem kalten Frosch. Aber der König befahl es wiederum, da nahm sie den Frosch und trug ihn in ihre Kammer. Zorn erfasste sie, und mit aller Gewalt warf sie ihn an die Wand hinter ihrem Bett. Wie er aber an die Wand prallte, fiel er herunter in ihr Bett und lag darin als ein junger schöner Prinz. Die Königstochter legte sich zu ihm, denn der Frosch war in Wirklichkeit ein verwunschener Prinz und nur die Liebe einer jüngsten Königstochter hatte ihm helfen können.

Kral demiş ki: „Söz sözdür, ne olursa olsun, verdiğin sözü yerine getirmelisin. Şimdi git ve kapıyı aç." Kız istemeyerek gidip kapıyı açmış, kurbağa hoplaya hoplaya içeri girmiş. Sonra kıza demiş ki: „Beni masaya kendi yanına oturt, seninle yemek istiyorum." Kız bunu yapmak istememiş, ta ki babası yine ona emir verene kadar. Kurbağa kızın yanına oturup onunla birlikte yemek yemiş. Doyunca da ona demiş ki: „Beni yatağına götür seninle yatmak istiyorum." Kız bunu yapmayı kesinlikle istemiyormuş, çünkü bu soğuk kurbağadan çok korkuyormuş. Fakat kral tekrar emredince kurbağayı alıp odasına kadar taşımış, sonra da bütün gücüyle yatağının dayalı olduğu duvara fırlatmış. Kurbağa duvara çarptığı gibi yatağa düşmüş, düştüğü anda çok yakışıklı bir prense dönüşmüş. Kız da onun yanına yatmış. Meğer kurbağa büyülenmiş bir prensmiş, sadece küçük prensesin sevgisi onu kurtarabilirmiş.

Am Morgen kam ein schöner Wagen mit dem treuen Diener des Prinzen. Er hieß Heinrich und hatte drei eiserne Bande um sein Herz liegen, da ihm die Verwandlung seines Herrn in einen Frosch so viel Leid bereitet hatte. Der Prinz und die Königstochter setzten sich in den Wagen und der treue Diener stellte sich hinten auf, damit sie in das Reich des Prinzen fahren konnten. Wie sie ein Stück des Weges gefahren waren, hörten sie hinter sich ein lautes Krachen. Da rief der Prinz: „Heinrich, der Wagen bricht!" Heinrich aber antwortete: „Nein, Herr, der Wagen nicht! Es ist ein Band von meinem Herzen, das da lag in großen Schmerzen, als ihr an dem Brunnen saßt, als ihr ein Frosch wart."

Den ganzen Weg entlang hörte man immer wieder das laute Krachen. Als sie in seinem Königreich ankamen, wurden sie mit großer Freude empfangen. Bald wurde eine prachtvolle Hochzeit gefeiert. Der junge König und seine Prinzessin lebten lange Jahre glücklich zusammen.

Ve sabah prensin sadık hizmetkarı çok güzel bir araba ile onları almaya gelmiş. Meğer bu hizmetkar, efendisi büyülendiği zaman o kadar üzülmüş ki, bu acıya dayanabilsin diye kalbine üç demir levha yerleştirmek zorunda kalmışlar. Prens ve prenses arabaya binmişler, sadık hizmetkar ise arka tarafa geçmiş. Prensin kendi krallığına gitmek üzere yola koyulmuşlar. Her seferinde biraz yol aldıklarında arabanın arka tarafından gelen şiddetli bir kırılma sesi duyuluyormuş. Ses gelince prens bağırmış:

-"Haynriş, araba kırılıyor!" - "Hayır efendim, araba değil. Bu benim kalbimdeki levhaların sesidir. Sizi kuyu başında bir kurbağaya dönüşürken gördükten sonra çektiğim büyük acılara dayanabilmem için oraya konuldular. "

Yol boyunca bu sesler prensin sarayına kadar duyulmaya devam etmiş. Kendi krallığına geldiklerinde büyük bir sevinçle karşılanmışlar. Kısa bir süre sonra muhteşem bir düğün töreni hazırlanmış. Genç kral ve prenses birlikte uzun yıllar mutlu mesut yaşamışlar.

Kartoffelpüree mit Lachs

für 3 Personen
für den Lachs
400 g Lachsfilet mit Haut
2 EL Mehl
etwas Salz
100 ml Öl zum Braten

Lachsfilet unter fließendem Wasser kurz abspülen. Mit Küchenpapier trocken tupfen. Mit Hilfe eines großen Messers zuerst halbieren und dann jedes Stück in 4–5 Streifen schneiden. Die Lachsstreifen leicht salzen und mehlen. In einer Pfanne das Öl stark erhitzen. Die Lachsstreifen in dem heißen Öl auf die Hautseite legen. Beidseitig goldgelb braten. Auf dem mit Küchenpapier belegten Teller entfetten.

für das Püree

ca. 700 g Kartoffeln, festkochend
1 EL Butter
100 ml Milch
1 TL Salz (etwas mehr)

Kartoffeln in Salzwasser ca. 20 Minuten weichkochen. Kurz im heißen Wasser lassen, dann abtropfen und auskühlen lassen. Die gekochten Kartoffeln schälen und mit dem Pürierstab im selben Topf pürieren. 1 TL Salz und Butter zugeben, bei mittlerer Hitze rühren. Milch zugießen, schnell verrühren. Sofort servieren.

Schokopudding

---

für 8 kleine Portionen

1 l Milch

3 EL Reismehl

2 EL Maisstärke

7 EL Zucker

100 g Blockschokolade
(Vollmilch- mit Bitterschokolade gemischt)

Milch in einen Kochtopf gießen. Speisestärke, Reismehl und Zucker zugeben und bei mittlere Hitze unter ständigem Rühren zum Kochen bringen. Dann die Hitze reduzieren, kurz köcheln lassen. Blockschokolade in kleinen Stückchen zum Pudding geben und kräftig rühren, bis die Schokolade darin schmilzt. Pudding in kleine Servierschalen verteilen und auskühlen lassen. Im Kühlschrank bis zum Servieren kaltstellen.

Hänsel und Gretel /
Hansel ile Gretel

Es war einmal ein armer Holzhacker, der wohnte mit seiner Frau und zwei Kindern in einem kleinen Haus vor einem großen Wald. Der Knabe hieß Hänsel und das Mädchen Gretel. Als die Kinder noch klein waren, starb ihre Mutter. Bald heiratete der Mann jedoch eine andere Frau. Es ging dem Mann gar jämmerlich, so dass er kaum seine Frau und seine zwei Kinder ernähren konnte. Einmal hatte er kaum noch etwas zu essen und war in großer Angst. Da sprach seine Frau abends im Bett zu ihm: „Weißt du was, Mann, nimm die beiden Kinder morgen früh und führ sie in den großen Wald. Gib ihnen das noch übrige Brot und mach ihnen ein Feuer an. Danach geh weg und lass sie allein." Der Mann wollte lange nicht, aber die Frau ließ ihm keine Ruhe, bis er endlich einwilligte.

Bir zamanlar fakir bir oduncu, karısı ve iki çocuğuyla birlikte bir ormanın kıyısındaki küçük evlerinde yaşarmış. Çocuklar henüz küçükken anneleri ölmüş. Kısa bir süre sonra adam başka bir kadınla evlenmiş. Oğlanın adı Hansel, kızın adı ise Gretel imiş. Adam maddi olarak öylesine kötü durumda imiş ki, karısı ve iki çocuğuna bile bakacak kadar ekmek parasını kazanamıyormuş. Bir keresinde yiyecek ekmekleri dahi kalmamış, bu yüzden çok endişelenmiş, akşamları karısına ona diyormuş ki: „Ne yap biliyor musun adam, iki çocuğu sabah erkenden kaldır, ormana odun kesmeye giderken yanında götür, kalan ekmeği ellerine ver, bir ateş yak, sonra git ve onları orada yalnız bırak." Adam uzun zaman bu işe gönüllü olmamış, ama kadın ona kabul ettirene kadar huzur vermemiş.

Aber die Kinder hatten alles gehört, was die Mutter gesagt hatte. Gretel begann sehr zu weinen. Hänsel sagte ihm, es solle still sein, und tröstete es. Dann stand er leise auf und ging hinaus vor die Tür. Da schien der Mond und die weißen Kieselsteine vor dem Haus glänzten. Hänsel las sie sorgfältig auf und füllte sein Rocktäschlein damit, so viel er nur hineintun konnte. Darauf ging er wieder zu seinem Schwesterchen und schlief ein.

Meğer çocuklar annelerinin söylediği bütün sözleri duymuşlar. Gretel ağlamaya başlamış. Hansel ona sessiz olmasını söyleyerek teskin etmiş. Sonra sessizce kalkıp kapıdan dışarıya süzülmüş, evin önündeki beyaz çakıl taşları ay ışığında parıldıyorlarmış. Hansel dikkatlice cebinin alabildiği kadar çakıl taşı toplamış. Sonra kızkardeşinin yanına gidip uyumuş.

Des Morgens früh, ehe die Sonne aufgegangen war, kamen der Vater und die Mutter und weckten die Kinder auf, die mit in den großen Wald sollten. Sie gaben jedem ein Stücklein Brot, das nahm Gretel unter das Schürzchen, denn Hänsel hatte die Tasche voll von den Kieselsteinen. Darauf machten sie sich fort auf den Weg zu dem großen Wald. Wie sie nun so gingen, da stand Hänsel oft still und guckte zu ihrem Häuschen zurück. Der Vater sagte: „Was bleibst du immer stehen und guckst zurück?" – „Ach", antwortete Hänsel, „ich sehe nach meinem weißen Kätzchen, das sitzt auf dem Dach und will mir ade sagen." Heimlich ließ er aber immer einen von den weißen Kieselsteinchen fallen. Die Mutter sprach: „Geh nur fort, es ist nicht dein Kätzchen, es ist das Morgenrot, das auf den Schornstein scheint." Aber Hänsel blickte immer wieder zurück und ließ ein Steinchen fallen.

Sabah erkenden güneş doğduğunda anne ve baba çocukları ormana giderken yanlarında getirmek için uyandırmışlar. Her birine birer parça ekmek vermişler. Ekmekleri Gretel kendi önlüğünün altındaki cebine yerleştirmiş, çünkü Hansel'in cepleri taşlarla dolu imiş. Yolda giderken Hansel sık sık sessizce yerinde durup geriye evlerine doğru bakıyormuş. Babası demiş ki: "Neden sürekli olduğun yerde kalıp geriye doğru bakıyorsun?" - "Ah," diye cevap vermiş Hansel, "çatının üzerinde durup bana hoşçakal demek isteyen beyaz kedime bakıyorum.", oysa ki gizlice çakıl taşlarını tek tek yere atıyormuş. Annesi demiş ki: "Önüne bak sen, o senin kedin değil, bacanın üzerinden ışıyan sabah güneşi." Hansel ise yine hep geride kalıyor ve taşları ardı ardına yere bırakmaya devam ediyormuş.

So gingen sie weiter und kamen endlich mitten in den großen Wald. Da machte der Vater ein großes Feuer an, und die Mutter sagte: „Schlaft, ihr Kinder, wir wollen in den Wald gehen und Holz suchen. Wartet, bis wir wiederkommen." Die Kinder setzten sich an das Feuer und jedes aß sein Stücklein Brot. Sie warten lang, bis es Nacht war, aber die Eltern kamen nicht wieder. Da begann Gretel sehr zu weinen.

Hänsel tröstete es aber und nahm es an die Hand. Da schien der Mond, und die weißen Kieselsteine glänzten und zeigten ihnen den Weg. Und Hänsel führte Gretel die ganze Nacht durch, und sie kamen des Morgens wieder vor das Haus. Der Vater war froh, als er die Kinder wiedersah, denn er hatte es nicht gern getan; die Mutter aber war böse.

Bu şekilde epey bir yol yürüdükten sonra nihayet ormanın derinliklerine varmışlar. Babaları büyük bir ateş yakmış, anneleri de demiş ki: "Çocuklar, siz bu arada biraz uyuyun, biz ormanda odun toplayacağız, biz dönene kadar bir yere ayrılmayın." Çocuklar ateşin başında oturmuşlar, herbiri kendi payına düşen ekmeğini yemiş. Gece olana kadar beklemişler, ama anne ve babaları geri dönmemiş. Gretel ağlamaya başlamış, Hansel ise elini tutarak onu sakinleştirmeye çalışmış. Ay ışığında çakıl taşları parıldayarak onlara yolu gösteriyormuş. Hansel bütün gece Gretel'i yürütmüş, sabah olduğunda tekrar evin kapısına varmışlar. Baba çocuklarının geri dönmesine çok sevinmiş, ama anneleri kızgınmış.

Bald danach hatten sie wieder kein Brot und Hänsel hörte wieder abends im Bett, wie die Mutter zu dem Vater sagte, er solle die Kinder hinaus in den großen Wald bringen. Da begann Gretel erneut heftig zu weinen. Hänsel stand wieder auf und wollte Steinchen suchen. Wie er aber an die Tür kam, fand er sie von der Mutter verschlossen. Da wurde Hänsel traurig und konnte Gretel nicht trösten.

Kısa bir süre sonra yine yiyecek ekmekleri kalmamış. Hansel bir daha annelerinin babalarına çocukları büyük ormana götürmesini söylediğini duymuş. Gretel yine ağlamaya başlamış, Hansel tekrar taş toplamak için yatağından kalkmış. Fakat kapı kapalıymış, meğer anneleri kapıyı sürgülemiş, bu sefer Hansel de çok üzgün olduğu için Gretel'i teselli edememiş.

Vor Tagesanbruch standen sie wieder auf, und jedes Kind erhielt wieder ein Stücklein Brot. Wie sie auf dem Weg waren, guckte Hänsel oft zurück. Der Vater sagte: „Mein Kind, was bleibst du immer stehen und guckst zurück nach dem Häuschen?" – „Ach", antwortete Hänsel, „ich sehe nach meinem Täubchen, das sitzt auf dem Dach und will mir ade sagen." Heimlich aber zerbröselte er sein Stückchen Brot und ließ immer ein Krümchen fallen. Die Mutter sprach: „Geh nur fort, es ist nicht dein Täubchen, es ist das Morgenrot, das auf den Schornstein scheint." Aber Hänsel blickte immer wieder zurück und ließ ein Krümchen fallen.

Yine gün ağarırken uyanmışlar, herbiri bir parça ekmeğini almış. Yola çıktıklarında Hansel sürekli geriye doğru bakıyormuş. Babası demiş ki: „Çocuğum, niye sürekli olduğun yerde kalıp eve doğru bakıyorsun?" - „Ah," diye cevap vermiş Hansel, „güvercinime bakıyo-

rum, çatının üzerine konmuş, bana hoşçakal demek istiyor." Oysa ki gizlice ekmeğinden parçalar koparıp kırıntıları yere atıyormuş. Annesi demiş ki: „Yürümene bak, o senin güvercinin değil, bacanın üzerinden ışıldayan sabah güneşi." Hansel yine de geride kalıp ekmek parçalarını yere atmaya devam etmiş.

Als sie mitten in den großen Wald gekommen waren, machte der Vater wieder ein großes Feuer an. Die Mutter sprach wieder dieselben Worte, und beide gingen fort. Gretel gab Hänsel die Hälfte ihres Stückleins Brot, denn Hänsel hatte seines auf den Weg geworfen, und sie warteten bis zum Abend, da wollte Hänsel Gretel beim Mondschein wieder zurückführen. Aber die Vöglein hatten die Brotkrümchen aufgepickt und so konnten die Kinder den Weg nicht finden. Sie gingen immer weiter fort und verirrten sich in dem großen Wald. Am dritten Tag kamen sie an ein Häuschen, das war aus Brot gemacht, das Dach war mit Kuchen gedeckt und die Fenster waren aus Zucker. Die Kinder waren sehr froh, wie sie das sahen, und Hänsel aß von dem Dach und Gretel von dem Fenster. Wie sie so da standen und es sich gut schmecken ließen, rief eine feine Stimme heraus:

„Knusper, knusper, kneischen!
Wer knuspert an meinem Häuschen?"

Koca ormanın ortasına geldiklerinde öbür gelişlerindeki gibi, babaları büyük bir ateş yakmış, anneleri de aynı sözleri söylemiş, sonra gitmişler. Gretel ekmeğini Hansel ile bölüşmüş, çünkü Hansel kendi payını yola atmış, akşama kadar beklemişler. Hansel Gretel'i ay ışığında eve geri götürmeyi istiyormuş. Oysa ki kuşlar ekmek kırıntılarını yedikleri için yolu bulamamışlar. Sürekli yürümeye devam etmişler ve koca ormanın içerisinde yollarını kaybetmişler. Üçüncü gün karşılarına bir kulübe çıkmış. Bu kulübe ekmekten yapılmış, çatısı kek ile kaplıymış ve penceresi de şekerdenmiş. Çocuklar evi görünce çok sevinmişler. Hansel çatıdan, Gretel de pencereden bir parça koparıp yemiş. Öylece durup keyifle atıştırırlarken içerden tiz bir ses duyulmuş:

"Çıtır çıtır çıtırdayan!
Kimdir benim evimi çatırdatan?"

Die Kinder erschraken sehr. Bald darauf kam eine kleine alte Frau heraus, die nahm die Kinder freundlich bei der Hand, führte sie in das Haus, backte ihnen leckere Waffeln und legte sie in ein sauberes Bett. Am anderen Morgen aber sah sie heimlich zu den schlafenden Kindern und lachte hässlich, denn sie war in Wirklichkeit eine böse Hexe, die die Kinder durch ihr Zuckerhäuschen getäuscht hatte, um sie zu sich zu locken. Sie weckte die Kinder und streckte Hänsel in ein Ställchen, denn er sollte ihr Schweinchen sein, und Gretel musste ihm Wasser bringen und gutes Essen kochen. Die böse Hexe aber konnte nicht gut sehen. Jeden Tag kam sie herbei, dann musste Hänsel den Finger herausstrecken, damit sie fühlen konnte, ob er bald fett wäre. Hänsel aber streckte immer ein Hühnerknöchelchen heraus, so dass die Hexe meinte, er wäre noch nicht fett geworden. Gretel aber gab sie nichts zu essen als Krebsschalen, weil sie nicht fett werden sollte. So verging eine lange Zeit.

Çocuklar çok korkmuşlar; kısa bir süre sonra ufak tefek yaşlı bir kadın dışarı çıkmış, çocuklara sevgiyle yaklaşıp ellerini tutmuş, onları eve götürmüş, nefis vafellerden pişirip yedirmiş ve temiz yataklarda yatırmış. Ertesi sabah olduğunda ise, uyuyan çocukları gizlice izleyip kötü kötü gülmüş, meğer o gerçekte kötü kalpli bir cadı imiş. Çocukları şekerden evi ile kandırıp, sonra kesip yiyormuş. Çocukları uyandırmış, Hansel'i bir domuz gibi bir kafese kapatmış. Gretel ona su taşımak ve güzel yemekler pişirmek zorunda imiş. Kötü cadının gözleri yakını iyi göremiyormuş. Hergün Hansel'in yanına gelip parmağına dokunarak kilo almış mı diye kontrol ediyormuş. Oysa ki Hansel ona hep bir parça kemik uzatıyormuş. Cadı bu yüzden onun henüz yeterince kilo almamış olduğunu sanıyormuş. Gretel'e ise yengeç kabuğundan başka hiç yemek vermiyormuş, çünkü kız şişmanlamasa da olurmuş. Böylece epey bir zaman geçmiş.

Nach vier Wochen sagte die Hexe am Abend zu Gretel: „Geh, hole Wasser und mache es morgen früh heiß. Wir wollen Hänsel schlachten und sieden, ich will in der Zeit den Ofen zurechtmachen, so dass wir dazu auch backen können." Am anderen Morgen, als das Wasser heiß war, rief sie Gretel vor den Backofen und sprach zu ihr: „Setz dich auf das Brett, ich will dich in den Ofen schieben. Sieh, ob das Brot bald fertig ist!" Sie wollte aber Gretel im Ofen lassen und braten. Das merkte Gretel und sprach zu der Hexe: „Setz dich zuerst darauf, ich weiß nicht, was ich machen soll!" Die böse Hexe sagte: „Du Närrin, es ist so einfach, ich zeige es dir!", und schon saß sie auf dem Brett. Da schob Gretel sie geschwind in den Ofen, machte die Türe zu und die Hexe verbrannte. Darauf ging Gretel zu Hänsel und öffnete ihm sein Ställchen. Die Kinder umarmten und küssten sich voller Freude. Dann gingen sie ohne Angst in das Zuckerhäuschen hinein, denn die alte Hexe war endlich für immer weg und konnte ihnen nichts Böses mehr tun. Sie fanden das ganze Häuschen voller Edelsteine, damit füllten sie alle Taschen und machten sich auf den Weg nach Hause. Sie gingen den ganzen Tag und die ganze Nacht durch den tiefen Wald, dann hatten sie endlich das Haus ihres Vaters gefunden. Der Vater war sehr froh, als er seine Kinder wiedersah, denn er hatte sie damals ungern in dem dunklen Wald zurückgelassen und seitdem keine Ruhe mehr gehabt. Die Kinder zeigten ihm ihre Mitbringsel und erzählten alles, was sie im Wald erlebt hatten. Sie wurden reich und lebten wohl noch lange Jahre zusammen; die böse Mutter aber war schon längst gestorben.

Dört hafta sonra cadı bir akşam Gretel'e demiş ki: „Git su getir, yarın sabah ısıt, Hansel'i kesip haşlayalım, bu arada ben de fırını temizleyeyim, yanına bir şeyler pişirelim." Ertesi sabah su ısınınca Gretel'i fırının yanına çağırmış: „Küreğin üzerine otur, seni fırının içerisine süreyim, bak bakalım ekmek pişmiş mi?" Aslında niyeti Gretel'i fırının içinde bırakıp pişirmekmiş. Gretel bunu anlayınca ona demiş ki: „Önce sen çık üstüne, nasıl yapacağımı bilmiyorum." Kötü cadı „Seni aptal, o kadar kolay ki, dur göstereyim." demiş ve küreğin üzerine kendi oturmuş. Gretel çarçabuk onu fırının içerisine itmiş ve kapıyı üzerine kapatmış, cadı alevler içinde kalmış. Sonrasında Hansel'in yanına gidip kafesinin kapısını açmış. Çocuklar sevinç içerisinde sarılıp öpüşmüşler. Sonra hiç korkmadan şekerden evin içerisine girmişler, çünkü yaşlı cadı artık sonsuza kadar yokolmuş ve onlara bundan böyle bir zarar veremezmiş. Ev değerli taşlarla ve mücevherlerle doluymuş. Bütün ceplerini doldurup eve gitmek üzere yola çıkmışlar. Bütün bir gün ve gece boyunca sık ormanın içerisinde yürümüşler, nihayet babaevini bulmuşlar. Adam çocuklarını tekrar görünce çok sevinmiş, çünkü önceden onları istemeyerek ormanda bırakmış, o zamandan beri hiç huzuru yokmuş. Çocuklar yanlarında getirdikleri ganimetlerini babalarına göstermişler ve ormanda başlarından geçenleri anlatmışlar. Çok zengin olmuşlar ve birlikte keyifle uzun yıllar daha yaşamışlar, kötü kalpli anneleri ise çoktan ölmüş.

Waffeln

---

für 8 Stück

3 Eier

125 g weiche Butter

200 ml Milch (oder Buttermilch)

250 g Mehl

1 TL Backpulver

1 Päckchen Vanillezucker

Das Waffeleisen auf höchster Stufe vorheizen. Butter schmelzen lassen. In einer Rührschüssel Mehl mit Backpulver und Vanillezucker vermischen. Milch, zerlassene Butter und Eier hinzufügen, gut rühren. Das Waffeleisen auf mittlere Hitze stellen. Jeweils einen vollen Schöpflöffel Teig goldgelb backen. Auf einem Gitter auskühlen lassen und servieren.

Grießbrei

---

für ca. 6–8 Personen

1 l Milch

9 EL feiner Grieß

9 EL Zucker

100 g Schokolade

Bei mittlerer Hitze Milch mit Zucker und Grieß unter ständigem Rühren kochen, bis der Brei etwas dick wird. 100 g grob gehackte Vollmilchschokolade zugeben, unter Rühren schmelzen lassen.
Eine große Servierschale mit Wasser befeuchten, den Pudding hineingießen, auskühlen und fest werden lassen. Servieren.

Tahin & Pekmez
(sehr gesunder Brotaufstrich)

Es handelt sich um einen Brotaufstrich aus Sesampaste und Zuckerrübensirup. Perfekt für die Kleinen und die Großen, süß und gesund ...

Einfach im Verhältnis 1:1 Tahin und Zuckerrübensirup verrühren, aufs Brot streichen und genießen.

Schneewittchen / Pamuk Prenses

Es war einmal Winter und schneite vom Himmel wie Federn herunter, da saß eine Königin am Fenster aus Ebenholz und nähte. Sie hätte nur zu gerne ein Kind gehabt. Und während sie darüber nachdachte, stach sie sich mit der Nadel in den Finger, so dass drei Tröpfchen Blut in den Schnee fielen. Da wünschte sie sich: „Ach, hätte ich doch ein Kind, so weiß wie dieser Schnee, so rotbackig wie dieses rote Blut und so schwarzäugig wie dieser Fensterrahmen!"

Bir zamanlar bir kış vakti, karlar gökyüzünden pamuk gibi yağarken, bir kraliçe abanoz ağacından penceresinin önünde oturmuş, dikiş dikiyormuş. Bu kraliçe bir çocuğu olmasını çok istermiş. Aklından bu düşünce geçerken bir anda iğneyi parmağına batırmış, üç damla kan bembeyaz karın üzerine damlamış. O zaman bir dilek dilemiş ve demiş ki: „Ah, keşke bir çocuğum olsaydı, şu kar gibi açık tenli, şu kırmızı kan gibi al yanaklı ve pencerenin çerçevesi gibi kara gözlü olsaydı!"

Bald danach bekam sie ein wunderschönes Töchterlein, dessen Haut war so weiß wie Schnee, seine Wangen rot wie Blut und sein Haar so schwarz wie Ebenholz. Daher wurde es Schneewittchen genannt. Die Königin aber starb bei der Geburt und der König heiratete ein Jahr später wieder. Die neue Königin war die allerschönste Frau im Land. Sie besaß einen verwunschenen Spiegel. Jeden Tag schaute sie in ihren Spiegel und fragte:

„Spieglein, Spieglein an der Wand, wer ist die Schönste im ganzen Land?"
Und so antwortete das Spieglein jedes Mal:
„Die Frau Königin ist die Schönste."

Kısa bir süre sonra güzeller güzeli bir kız çocuğu dünyaya getirmiş. Bebek kar gibi beyaz tenli, al yanaklıymış ve abanoz renginde kapkara gözleri varmış, bu yüzden ona Pamuk Prenses adını vermişler. Fakat kraliçe doğumda ölmüş, kral da bir yıl sonra tekrar evlenmiş. Yeni kraliçe ülkenin en güzel kadını imiş. Sihirli bir aynası varmış. Hergün aynasının karşısına geçip sorarmış:

"Ayna ayna söyle bana
kim bu ülkenin en güzel kadını?"
Ayna da şöyle cevap verirmiş:
"En güzeli sizsiniz kraliçem."

Aber Schneewittchen wuchs und wurde immer schöner, sogar schöner als die Königin selbst. Eines Tages fragte die Frau Königin wieder ihren Spiegel:
„Spieglein, Spieglein an der Wand, wer ist die Schönste im ganzen Land?"
Da antwortete das Spieglein:
„Die Frau Königin ist die Schönste, aber Schneewittchen ist noch hunderttausendmal schöner."

Pamuk Prenses ise günbegün büyüyor ve güzelleşiyormuş, hatta artık kraliçenin kendisinden bile daha güzelleşmiş. Günlerden birgün kraliçe yine aynasına sormuş:
„Ayna ayna söyle bana
kim bu ülkenin en güzeli?"
Ayna şöyle cevap vermiş:
„Kraliçem siz çok güzelsiniz, ama Pamuk Prenses sizden yüzbin kat daha güzel."

Darüber konnte die Königin Schneewittchen nicht mehr leiden, weil sie für immer die Schönste im Reich sein wollte. Wie nun der König einmal in den Krieg gezogen war, ließ sie ihren Wagen anspannen und befahl, in einen weiten dunklen Wald zu fahren. Das Schneewittchen nahm sie mit. In diesem Wald standen viele sehr schöne rote Rosen. Als sie nun mit ihrem Töchterlein angekommen war, sprach sie zu ihm: „Ach, Schneewittchen, steige doch aus und brich mir eine von den schönen Rosen ab!" Sobald Schneewittchen aber den Wagen verlassen hatte, gab die Königin Befehl, dass die Kutsche schnell wegfahren sollte, weil sie hoffte, die wilden Tiere würden Schneewittchen bald verzehren.

Kraliçe artık buna dayanamıyormuş, çünkü ülkenin en güzel kadını her zaman kendisi olsun istiyormuş. Kral bir gün bir savaşa katılmak üzere yolculuğa çıktığı zaman arabasını hazırlatmış, arabacıya uzaktaki ıssız bir ormana gitmelerini emretmiş, giderken Pamuk Prenses'i de yanına almış. Bu ormanda bir sürü güzel kırmızı güllerden varmış. Kızı ile oraya geldiklerinde ona demiş ki: „Ah, Pamuk Prenses, arabadan inip benim için bu güzel güllerden koparıver!" Kız dediğini yapıp indiği anda, arabanın tekerlekleri büyük bir hızla hareket etmiş, bu emri veren kraliçenin bizzat kendisiymiş, çünkü böylelikle kızın vahşi hayvanlar tarafından kısa sürede parçalanarak öleceğini umuyormuş.

Da nun Schneewittchen in dem großen Wald mutterseelenallein war, weinte es sehr und ging immer weiter fort. Es wurde sehr müde, bis es endlich vor ein kleines Häuschen kam. In dem Häuschen wohnten sieben Zwerge, die waren aber gerade nicht zu Hause, sondern ins Bergwerk gegangen, in dem sie nach Edelsteinen suchten. Schneewittchen aber wusste das nicht, klopfte zuerst an die Tür, und weil niemand sich rührte, trat es in die Wohnung. Es blickte sich mit großen Augen um. Alles war so niedlich, so gemütlich und sauber! Auf einer Seite stand ein Tisch, und auf dem Tisch standen sieben Teller mit sieben Löffeln, sieben Gabeln, sieben Messern und sieben Gläsern. Ferner waren in dem Zimmer sieben Bettchen. Schneewittchen hatte großen Hunger, aber es wollte niemandem sein ganzes Essen wegnehmen. So aß es von jedem Teller etwas Gemüse und Brot und trank dazu aus jedem Gläschen einen Tropfen Wasser. Danach wollte es sich endlich schlafen legen. Es probierte alle Bettchen und fand keines, das ihm gerecht wurde, bis auf das letzte, da blieb es liegen.

Pamuk Prenses koca ormanda bir başına kaldığında çok ağlamış, hiç durmaksızın ileriye doğru yürümüş, çok yorulmuş. Nihayet küçük bir kulübenin önüne vardığında çok bitkin düşmüş. Burası yedi cücelerin yuvasıymış, o sırada evde kimse yokmuş, yedi cüceler dağdaki madende kazı yapıyorlarmış. Bunu bilmeyen Pamuk Prenses önce kapıyı çalmış, kimse açmayınca içeri girmiş. Kocaman açılmış gözleriyle etrafa bakınmış, herşey o kadar şirin, rahat ve temiz görünüyormuş ki, söyleyecek söz bulamamış. Bir yanda bir masa varmış, masanın üzerinde de yedi tabak, kenarında yedi kaşık, yedi çatal, yedi bıçak ve yedi bardak bulunuyormuş. Biraz uzağında da yedi küçük yatak diziliymiş. Pamuk Prenses çok acıkmış, ama hiçbirinin tüm yemeğini bitirmek istemediğinden her bir tabaktan birer parça sebze ve ekmek yemiş, her bir bardaktan bir yudum su içmiş ve nihayet yorgun düşünce uyumak istemiş. Boy boy yatakların her birine tek tek uzanıp denemiş, ama hepsi ona küçük gelmiş, en sonuncusunda kıvrılıp uyumuş.

Als nun die sieben Zwerge von ihrer Tagesarbeit nach Hause kehrten, bemerkten sie gleich, dass jemand da gewesen war, und so sprachen sie, einer nach dem anderen:

„Wer hat auf meinem Höckerchen gesessen?"
„Wer hat von meinem Tellerchen gegessen?"
„Wer hat von meinem Brötchen genommen?"
„Wer hat von meinem Gemüschen gekostet?"
„Wer hat mit meinem Gäbelchen gestochen?"
„Wer hat mit meinem Messerchen geschnitten?"
„Wer hat aus meinem Becherchen getrunken?"
Darauf sagte das erste Zwerglein:
„Wer hat mir nur in mein Bettchen getreten?"

Und das zweite sprach: „Ei, in meinem hat auch jemand gelegen!" Und das dritte auch und das vierte ebenfalls und so weiter, bis sie endlich im siebenten Bett Schneewittchen fanden. Alle auf einmal sagten sie: „Ei du mein Gott, wie schön ist das Kind!" Es gefiel ihnen so gut, dass sie es schlafen ließen, und das siebente Zwerglein musste sich mit dem sechsten einigen, so gut es konnte.

Yedi cüceler işten eve döndüklerinde hemen eve birinin girdiğini anlamışlar ve her biri şöyle demiş:

„Kim benim hokkamın üzerine oturdu?"
„Kim benim tabağımdan yedi?"
„Kim benim ekmeğimden kopardı?"
„Kim benim sebzeciklerimden yedi?"
„Kim benim çatalımla yedi?"
„Kim benim bıçağımı kullandı?"
„Kim benim bardağımdan içti?"
Bunun üzerine ilk cüce şunu demiş:
„Kim benim yatağımın üzerine çıktı?"

İkincisi şöyle demiş. „Aa, benimkine de biri yattı." Üçüncüsü ve aynı şekilde dördüncüsü de aynısını demiş, nihayet yedinci yatakta uyuyan Pamuk Prenses'i bulana kadar bu böyle devam etmiş. Hepsi bir ağızdan konuşmuş: „Aman tanrım, bu ne güzel bir çocuk!" Onu o kadar sevmişler ki, uyurken rahatsız etmek istememişler, yedinci cüce de altıncı cücenin yanında idare etmeye çalışmış.

Als nun Schneewittchen am anderen Morgen ausgeschlafen hatte und die Zwerge erblickte, war es sehr erschrocken, doch es hatte keine Angst, denn sie waren alle sehr niedlich.

Es sagte: „Ich heiße Schneewittchen, und wie heißt ihr?" Der Große antwortete: „Herzlich willkommen in unserem Zuhause, ich heiße Besserwisser", zeigte mit seinem Zeigefinger auf jeden einzelnen Zwerg und sagte ihre Namen: „Der heißt Heiter, und der Schüchtern, und der Schläfrig, und der Zornig, und der Fleißig und der Faulenzer." Jeder Zwerg, dessen Name genannt wurde, lächelte Schneewittchen freundlich an. Nur Zornig versuchte, ernst bleiben, da er sich zwar meistens freute, aber seine Gefühle nicht zeigen mochte. Dann fragten die Zwerge Schneewittchen, wie es hierhergekommen sei. Schneewittchen erzählte ihnen alles, dass die Mutter Königin es im Wald allein gelassen hatte und fortgefahren war. Die Zwerge hatten Mitleid mit ihm und baten es, bei ihnen zu bleiben, sich um den Haushalt zu kümmern und ihnen das Essen zu kochen, wenn sie ins Bergwerk gingen. Doch solle es sich vor der Frau Königin hüten und ja niemanden ins Haus einlassen.

Pamuk Prenses ertesi sabah uyandığında, cüceleri görünce çok şaşırmış, ama hiç korkmamış, çünkü hepsi de çok şirinlermiş. Pamuk Prenses demiş ki: „Benim adım Pamuk Prenses, ya sizinki?" Büyük olanı "Evimize hoşgeldin, benim adım Bilgin," demiş ve işaret parmağı ile herbir cüceyi tek tek gösterip isimlerini söylemiş, "ve bunun adı Neşeli, bunun adı Utangaç, bu da Uykucu, bu Öfkeli ve bunlar da Çalışkan ve Tembel." Bütün cüceler, isimleri söylenirken Pamuk Prenses'e gayet seven bir şekilde gülümsemişler. Öfkeli ciddi durmaya çalışmış, aslında en çok o sevinmiş ama duygularını belli etmekten hoşlanmıyormuş. Sonra cüceler ona buraya nasıl geldiğini sormuşlar. Pamuk Prenses onlara kraliçenin nasıl kendisini ormanda bırakıp gittiğini anlatmış. Cüceler ona çok acımışlar, yanlarında kalmasını ve onlar dağda kazıya gittiklerinde ev işleri ile uğraşıp onlar için yemek yapmasını söylemişler, ama kendini kraliçeden koruması ve eve hiçkimseyi almaması için de uyarmışlar.

Als die Zwerge zur Arbeit gingen, blieb Schneewittchen allein zuhause. Sie putzte und kochte und wollte den Zwergen eine Überraschung machen. Sie fand in der Vorratskammer Kekse und Pudding und zauberte damit eine schnelle, aber köstliche Torte. Als die Zwerge am Abend nach Hause kamen, freuten sie sich sehr darüber. Sie aßen zusammen, tranken, quatschten, lachten viel und tanzten sogar. Als sie ins Bett fielen, waren alle sehr glücklich, außer Zornig natürlich, der immer noch versuchte, ernst zu bleiben, obwohl er sich eigentlich freute.

Die Frau Königin war ahnungslos, was im Wald geschehen war, kam inzwischen zurück zu ihrem Schloss und fragte ihren Spiegel voller Stolz:

„Spieglein, Spieglein an der Wand, wer ist die Schönste im ganzen Land?"

Das Spieglein antwortete:

„Die Frau Königin ist die Schönste, aber Schneewittchen bei den sieben Zwergen ist noch hunderttausendmal schöner."

Cüceler çalışmaya gittiklerinde Pamuk Prenses evde yalnız kalmış. Temizlik yapmış, yemek hazırlamış, sonra da cüceler için bir sürpriz hazırlamak istemiş. Erzak dolabında bisküvi ve puding bulunca onlara pratik ama çok lezzetli bir pasta yapmış. Cüceler akşam eve döndüklerinde çok sevinmişler. Beraber yemek yemişler, sohbet etmişler, gülmüşler, hatta dans bile etmişler. Uyumaya gittiklerinde hepsi çok mutlu imiş, tabii ki Öfkeli hariç, o hala çok ciddi durmaya çalışıyormuş, ama aslında o da çok mutlu olmuş, sadece duygularını belli etmek istemiyormuş.

Bu arada ormanda neler olup bittiğinden habersiz olan kraliçe sarayına geri dönmüş ve kibirle aynasına sormuş:

"Ayna ayna, söyle bana,
kim bu ülkenin en güzeli?"
Ayna cevap vermiş:
"Kraliçem siz çok güzelsiniz,
ama yedi cücelerin yanındaki Pamuk Prenses sizden yüzbin kat daha güzel."

Als nun die Frau Königin hörte, dass Schneewittchen bei den sieben Zwergen war und nicht im Wald ihr Leben gelassen hatte, zog sie die Kleider einer alten Krämerin an und ging vor das Haus der sieben Zwerge. Sie bat um Einlass, um ihre Waren zeigen zu können. Schneewittchen aber erkannte sie nicht und sprach am Fenster: „Liebe Frau, ich darf niemanden hereinlassen." Da sagte die Krämersfrau: „Ach, liebes Kind, was ich da für schöne Schnürriemen habe, ich zeig sie dir sehr gerne!" Schneewittchen aber dachte: „Die Schnüre könnte ich gut gebrauchen. Es wird ja nicht schaden, wenn ich diese Frau hereinlasse, ich kann einen guten Kauf tun", machte ihr die Tür auf und kaufte Schnüre. Und wie es solche gekauft hatte, sprach die Krämerin: „Aber ei, wie bist du so schlampig geschnürt? Komm, ich will dich einmal besser schnüren." Darauf nahm die alte Frau, die ja die verkleidete Königin war, die Riemen und schnürte das Schneewittchen so fest, dass es wie tot hinfiel. Dann eilte die Königin fort.

Kraliçe Pamuk Prenses'in ormanda ölmediğini, yedi cücelerin yanında olduğunu öğrenince yaşlı bir çerçinin kıyafetini giyinmiş ve yedi cücelerin evinin önüne gidip içeri girmek istemiş. Pamuk Prenses onu tanıyamamış, pencereden ona demiş ki: "Sevgili bayan, kimseyi içeri alamam." Çerçi kadın da demiş ki: "Ah sevgili çocuk, o kadar güzel kemerlerim var ki, sen de alıp bir kere denemelisin!" Pamuk Prenses içinden düşünmüş, 'Kemere de pekala ihtiyacım var, kadını içeri alırsam bir şey olmaz, iyi bir alışveriş yapmış olurum', ve ona kapıyı açmış, bir kemer satın almış. Aldığı gibi de kadın konuşmaya başlamış: "Ay, senin halin ne böyle, çapaçul görünüyorsun, gel de kemerini doğru dürüst bağlayayım." Bu yaşlı kadın kemeri almış, ki aslında o kraliçeden başkası değilmiş, Pamuk Prenses'in belinden sıkıca bağlamış, kızcağız yere düşüp bayılınca da kaçıp gitmiş.

Als die Zwerglein nach Hause kamen und Schneewittchen da liegen sahen, dachten sie sich bald, wer wohl da gewesen war, und schnürten es schnell auf, so dass es wieder zu sich kam. Sie ermahnten es zur besseren Vorsicht und warnten es vor der Königin. Inzwischen war die Königin wieder in ihr Schloss zurückgekehrt und fragte ihren Spiegel:

„Spieglein, Spieglein an der Wand, wer ist die Schönste im ganzen Land?"

Da antwortete das Spieglein:

„Die Frau Königin ist die Schönste, aber Schneewittchen bei den sieben Zwergen ist noch hunderttausendmal schöner."

Als die Frau Königin erfuhr, dass ihr Töchterlein wieder lebendig war, konnte sie nicht ruhen und zog wieder in Verkleidung vor das Häuschen der sieben Zwerge. Diesmal wollte sie dem Schneewittchen einen prächtigen Kamm verkaufen. Da ihm nun dieser Kamm sehr gefiel, ließ es sich verleiten und schloss die Tür auf. Die Alte trat herein und sagte: „Komm zu mir, schönes Kind, ich kämme deine Haare." Schneewittchen wusste nicht, dass die alte Frau in Wirklichkeit die Königin war, setzte sich neben sie und ließ sie seine schönen Haare kämmen. Die verkleidete Königin aber ließ den Kamm stecken, den sie mit einem Gift getränkt hatte. Als die sieben Zwerge nach Hause kamen, fanden sie die Türe offen stehen und Schneewittchen auf der Erde liegen. Sie wussten sogleich, wer das Unheil angerichtet hatte, und zogen Schneewittchen den Kamm aus den Haaren, so dass es wieder zu sich kam. Die Zwerge sagten ihm aber, dass sie ihm nicht mehr helfen könnten, wenn es sich noch einmal betören ließe.

Cüceler eve döndüklerinde Pamuk Prenses'i öyle yere yığılmış görünce hemen kimin gelmiş olabileceğini tahmin etmişler, çabucak belindeki kemeri gevşetmişler, bu sayede kızcağız yine kendine gelmiş. Ama onu bundan sonra daha dikkatli olması için uyarmışlar.

Bu arada kraliçe sarayına dönmüş, aynasının karşısına geçip sormuş:

"Ayna ayna söyle bana,

kim bu ülkenin en güzeli?"

Ayna cevap vermiş:

„Kraliçem siz çok güzelsiniz, ama yedi cücelerin yanındaki Pamuk Prenses sizden yüzbin kat daha güzel."

Kraliçe kızının tekrar yaşamaya başladığını öğrenince çok huzursuz olmuş, yine kılık değiştirip yedi cücelerin kulübesinin önüne gelmiş, Pamuk Prenses'e gösterişli bir tarak satmak istiyormuş. Bu tarak kızcağızın çok hoşuna gidince yine kanıp kapıyı açmış, yaşlı kadın içeri girince ona demiş ki: „Yanıma gel güzel çocuk, saçlarını tarayayım." Pamuk Prenses yaşlı kadının kraliçe olduğundan habersiz gidip yanına oturmuş ve o güzelim sarı saçlarını taramasına izin vermiş. Kadın biraz taradıktan sonra tarağı saçına batırmış, kız yere düşüp öylece kalmış. Yedi cüceler eve geldiklerinde giriş kapısını açık, Pamuk Prenses'i ise yerde görünce bu kötülüğü kimin yaptığını hemen anlamışlar. Bu arada tarağı da saçından çıkarmışlar ve Pamuk Prenses yine hayata dönmüş. Ama eğer yine kraliçenin kendisini kandırmasına izin verirse, bu sefer ona yardım edemeyeceklerini söylemişler.

Inzwischen war die Königin in ihr Schloss zurückgekehrt und fragte ihren Spiegel:
„Spieglein, Spieglein an der Wand, wer ist die Schönste im ganzen Land?"
Da antwortete das Spieglein:
„Die Frau Königin ist die Schönste, aber Schneewittchen bei den sieben Zwergen ist noch hunderttausendmal schöner."
Da wurde die Königin sehr böse. Sie verkleidete sich zum dritten Mal, diesmal als eine Bauersfrau, und nahm einen Korb voller Äpfel mit. Einer davon aber war auf der roten Hälfte vergiftet. Sie ging wieder zu dem Häuschen der sieben Zwerge. Schneewittchen hütete sich wohl, der Frau aufzumachen. Die alte Bauersfrau zeigte ihren mit Äpfeln gefüllten Korb und sprach: „Ich habe schöne Äpfel, nimm doch einen durch das Fenster, ich tue dir nichts." Schneewittchen aber wollte keinen Apfel nehmen. Da biss die Bauersfrau in die grüne, nicht vergiftete Hälfte des Apfels und reichte Schneewittchen die andere Hälfte zum Fenster hinein. Der Apfel sah so appetitlich aus, dass das arme Schneewittchen sich nicht mehr zurückhalten konnte und ihn nahm. Es biss hinein und sank tot zu Boden.

Bu arada kraliçe yine kendi evinde aynasının karşısına geçmiş:
„Ayna ayna, söyle bana,
kim bu ülkenin en güzeli?"
Ayna şöyle cevap vermiş:
„Kraliçem siz çok güzelsiniz ama, yedi cücelerin yanındaki Pamuk Prenses sizden binkat daha güzel."
Kraliçe Pamuk Prenses'in yeniden hayata döndüğünü öğrenince çok sinirlenmiş ve üçüncü defa kılık değiştirmiş, köylü kadın kılığına girmiş, bir sepet dolusu kırmızı elma almış, elmalardan birinin sadece kırmızı kabuğu zehirli imiş. Köylü kadın tekrar yedi cücelerin evine gitmiş. Pamuk Prenses kadına kapıyı açmaya çekinmiş. Köylü kadın elma dolu sepetini gösterip ona demiş ki: „Çok güzel elmalarım var, hadi bir tanesini pencereden al, sana birşey yapmayacağım." Pamuk Prenses önce almak istememiş. Köylü kadın sepetten zehirsiz bir elma alıp kendisi ısırmış, zehirli olanı ise sanki gizlediği hiçbir

şey yokmuş gibi rahat bir tavırla pencereden içeriye doğru ona uzatmış. Kırmızı elma
o kadar iştahlı görünüyormuş ki, zavallı Pamuk Prenses dayanamayıp almış. Elmanın
kırmızı tarafından ısırınca yere düşüp kalmış.

Als die sieben Zwerge heimkehrten, konnten sie Schneewittchen nicht mehr helfen
und waren sehr traurig. Am meisten aber wurde Zornig traurig. Schneewittchen sah
jedoch so lebendig aus wie im ewigen Schlaf, so dass die Zwerge es nicht begraben
wollten. Sie legten es stattdessen in einen gläsernen Sarg, worin es seine Gestalt
behielt, und schrieben seinen Namen und seine Abstammung darauf. Den Sarg
behielten sie in der Nähe ihres Häuschens unter einem Baum und bewachten ihn
sorgfältig Tag und Nacht.

Yedi cüceler eve döndüklerinde ellerinden ne gelirse yapmışlar, ama onu kurtarama-
mışlar, bu yüzden çok üzülmüşler. En çok da Öfkeli üzülmüş. Zavallı kız o kadar canlı
görünüyormuş ki, sanki hiç ölmemiş de sonsuz bir uykuda gibi imiş, bu yüzden onu
toprağa gömmeye kıyamamışlar. Bunun yerine Pamuk Prenses'i olduğu gibi görünebi-
leceği camdan bir tabuta yerleştirip, üzerine de adını ve bir prenses olduğunu yazmışlar.
Tabutu evlerine yakın bir ağacın altına koymuşlar ve büyük bir özenle gece gündüz
başında nöbet tutmaya başlamışlar.

Eines Tages wurde der Krieg beendet und der König, Schneewittchens Vater, kehrte
endlich in sein Reich zurück. Er musste durch denselben Wald reiten, in dem die
sieben Zwerge wohnten. Als er nun den Sarg sah und die Inschrift las, so überfiel
ihn eine große Traurigkeit über den Tod seiner geliebten Tochter. Er hatte aber in
seinem Gefolge sehr erfahrene Ärzte bei sich, welche die Zwerge baten, den Leichnam
untersuchen zu dürfen. Mit großer Freude stellten sie fest, dass Schneewittchen nicht
gestorben war, sondern dass nur der vergiftete Apfel in ihrem Hals feststeckte. Als
die Ärzte das giftige Stück entfernten, wurde Schneewittchen wieder lebendig. Die
Zwerge freuten sich sehr darüber, umarmten und küssten sich alle untereinander.
Der König aber bedankte sich bei den sieben Zwergen für ihre Barmherzigkeit,
schenkte jedem von ihnen ein Goldmedaillon und lud sie in sein Schloss ein. So
zogen sie alle nach Hause und Schneewittchen wurde mit einem schönen Prinzen
vermählt. Auf der Hochzeit aber wurde ein Paar eiserne Pantoffeln über dem Feuer
erhitzt, bis sie glühten. Diese musste die alte Königin anziehen und sich damit zu
Tode tanzen.

Günlerden birgün savaş sona ermiş ve Pamuk Prenses'in kral olan babası nihayet kendi
ülkesine geri dönmüş. Saraya giden yol yedi cücelerin yaşadığı ormanın içerisinden
geçiyormuş. Ağacın altında cam tabutu görmüş, üzerindeki yazıyı okuyunca sevgili

kızının ölümünden haberdar olmuş ve bundan derin bir üzüntü duymuş. Maiyetindeki çok tecrübeli doktorlar, 7 cücelerden cenazeyi muayene edebilmek için izin istemişler. Büyük bir sevinç içerisinde Pamuk Prenses'in ölmediğini, bilakis sadece elmanın zehirli kısmının boğazına takıldığını tespit etmişler. Doktorlar zehirli parçayı Pamuk Prenses'in boğazından çıkarmışlar, o da yeniden canlanmış. Hepsi çok sevinmiş ve mutluluktan bir-birlerine sarılmışlar. Kral yedi cücelere Pamuk Prenses'i koruyup kolladıkları için teşekkür etmiş, her birine birer madalya hediye etmiş ve saraya davet etmiş. Bunun üzerine hep beraber saraya gitmişler. Pamuk Prenses yakışıklı bir prensle evlenmiş. Düğünde bir çift demir takunya ateşe konulmuş, bunları kraliçeye giydirip ölene kadar dansettirmişler.

Schnelle Schokokekstorte

---

500 ml Milch

1 EL Butter

1 Packung Schokopuddingpulver

2 EL Zucker

150 g Butterkekse

Bei mittlerer Hitze die Milch mit Zucker und Schokopuddingpulver unter Rühren aufkochen, bis ein dicklicher Pudding entsteht. Hitze reduzieren, kurz köcheln lassen und vom Herd nehmen.
Pudding 5 Minuten auskühlen lassen.

In eine Auflaufform eine Kelle Pudding gießen, glatt streichen, mit einer Schicht Butterkekse belegen. Darüber nochmals Pudding geben. Mit den übrigen Keksen und dem übrigen Pudding den Vorgang wiederholen. Die Torte im Kühlschrank ca. 2 Stunden auskühlen und fest werden lassen, dann servieren.

Vanillepudding

---

für 6–8 Portionen

500 ml Milch

1 Ei

5 EL Zucker

1 Prise Salz

3 EL Mehl

1 Packung Vanillezucker

In einem mittelgroßen Kochtopf Ei mit Zucker, Salz und Mehl verrühren. Milch hinzugießen. Bei mittlerer Hitze unter ständigem Rühren zum Kochen bringen. Kurz aufkochen und dann die Hitze reduzieren. Vom Herd nehmen und Vanillezucker zugeben, schnell rühren und in Servierschalen verteilen. Kaltstellen.

Cupcakes mit Frischkäsefrosting

für 18 Stück

für den Teig

2 Eier (Größe M)

200 ml Pflanzenöl

200 g Zucker

400 g Mehl

1 Päckchen Vanillepuddingpulver

Bunte Zuckerstreusel zum Bestreuen

1 Päckchen Backpulver

1 Päckchen Vanillezucker

für die Frischkäsecreme

200 g Frischkäse

2 EL weiche Butter

3 EL Puderzucker

Den Backofen auf 180 °C bei Ober-/Unterhitze vorheizen. Eine 12er-Muffinform mit Papierförmchen füllen. Mehl mit Backpulver, Vanillezucker und Vanillepuddingpulver vermischen. Eier mit Zucker gut verrühren. Milch und Pflanzenöl zugießen. Mehlmischung hineinsieben und gut rühren. Den Teig gleichmäßig in die Muffinmulden verteilen. Im vorgeheizten Backofen ca. 25 Minuten goldgelb backen. Die Muffins auskühlen lassen. Frischkäse mit weicher Butter und Puderzucker glattrühren. Mit Hilfe der Spritztülle die Kuchenstücke dekorieren. Mit Zuckerstreuseln bestreuen und gleich servieren.